TYPISCH
JAPAN

TYPISCH JAPAN

Kultur, Tradition und Lebensgefühl

‹ Die Chureito-Pagode mit dem Berg Fuji im Hintergrund.

INHALT

> *Die belebte Shibuya-Kreuzung im Zentrum Tokyos.*

アコム
レイク
アイフル
109MEN'S
109MEN'S
AVANT
TSUTAYA

< Ein Geisha-Lehrmädchen in Kyoto.

Typisch Japan

Kultur, Tradition und Lebensgefühl

Im Sommer 1853 segelten vier amerikanische Schiffe in die Bucht von Tokyo und beendeten damit Japans 200 Jahre währende Isolation. Sofort war die Welt fasziniert von dem außergewöhnlichen Inselreich. Diese Begeisterung löste eine wahre Welle aus – bekannt als Japonismus –, die die westliche Kunst und Ästhetik nachhaltig beeinflusste und veränderte. Und diese Faszination hält bis heute an. Das authentische Japan – verblüffend modern und traditionell zugleich – ist mit eleganten Geishas, in Roben gekleideten Mönchen, J-Pop-Megastars und visionären Ingenieuren extrem facettenreich.

Typisch Japan nimmt Sie mit auf eine Entdeckungsreise durch das Land und erforscht die Kunst, japanisch zu leben: ein schwieriger Balanceakt zwischen dem Festhalten an altbewährten Traditionen, dem Genuss sämtlicher Vorteile eines modernen Lebens und dem furchtlosen Blick auf das, was kommt.

Nehmen auch Sie für Ihren Alltag ein wenig japanische Weisheit an und erleben Sie die gegensätzlichen Sinnesfreuden: Begeistern Sie sich für die Vergänglichkeit der Kirschblüten, besuchen Sie ein Sommerfest, erleben Sie die Präzision einer Teezeremonie, singen Sie Ihren Lieblingssong beim Karaoke oder tauchen Sie in eine heiße Quelle mit Blick auf den Berg Fuji.

Es gibt viele Gründe, sich in diese Nation zu verlieben. In diesem Buch finden Sie vielerlei Anlässe, das Land der aufgehenden Sonne immer wieder zu besuchen.

WILLKOMMEN IN JAPAN

Japan erstreckt sich vom eisigen Rand Sibiriens bis hinunter zu den Tropen. Der Archipel aus Tausenden von Inseln bietet eine unglaublich große Palette an unterschiedlichsten Landschaften – von ultramodernen Städten über glimmende Vulkane bis hin zu abgelegenen Stränden und üppig grünen Tälern. Vereint werden diese klimatischen, geografischen und perspektivischen Unterschiede vom Rhythmus der Jahreszeiten, zu dem das Herz des Landes seit jeher schlägt. Er bestimmt das wechselnde Wetter, die saisonale Küche sowie das kulturelle Leben der insgesamt 127 Millionen Japaner. Absolut verblüffend ist auch das Verkehrsnetz, das es so einfach macht, das Land zu bereisen – mit dem Fahrrad, dem Flugzeug, der Fähre oder dem Hochgeschwindigkeitszug. Und wenn Sie sich auf einen Trip nach Japan einstimmen, Ihre Urlaubsreise noch lange in Erinnerung behalten oder sich einfach dem japanischen Lebensgefühl hingeben wollen, dann ist die japanische Kultur heute so nah wie nie zuvor: egal, ob beim Sushi-Essen in London oder beim Betrachten der Kirschblüten in San Francisco.

Japans Regionen

Japan besteht aus Tausenden Inseln, die sich östlich vom asiatischen Kontinent in einer Länge von 3000 Kilometern über den Pazifischen Ozean ziehen. Als Festland werden die fünf größten Inseln des Archipels bezeichnet: Honshu, Hokkaido, Kyushu, Shikoku und Okinawa. Die Inseln sind in 47 Verwaltungseinheiten (Präfekturen) unterteilt. Diese werden wiederum zu acht Regionen gruppiert. Jede von ihnen hat ihren ganz eigenen Charakter mit regionalen Sitten und Gebräuchen – geprägt durch die unterschiedlichen geografischen und klimatischen Bedingungen.

127

Millionen Menschen leben in Japan, das damit auf Platz 11 der bevölkerungsreichsten Länder der Welt liegt.

Regionen und Präfekturen

Hokkaido
1 Hokkaido

Tohoku
2 Aomori
3 Akita
4 Iwate
5 Yamagata
6 Miyagi
7 Fukushima

Kanto
8 Tochigi
9 Ibaraki
10 Saitama
11 Tokyo
12 Chiba
13 Kanagawa
14 Gunma

Chubu
15 Niigata
16 Toyama
17 Ishikawa
18 Fukui
19 Nagano
20 Yamanashi
21 Shizuoka
22 Aichi
23 Gifu

Kansai/Kinki
24 Hyogo
25 Kyoto
26 Shiga
27 Osaka
28 Nara
29 Mie
30 Wakayama

Chugoku
31 Tottori
32 Okayama
33 Shimane
34 Hiroshima
35 Yamaguchi

Shikoku
36 Kagawa
37 Tokushima
38 Ehime
39 Kochi

Kyushu-Okinawa
40 Fukuoka
41 Saga
42 Nagasaki
43 Oita
44 Kumamoto
45 Miyazaki
46 Kagoshima
47 Okinawa

Region Kansai/Kinki
Diese Kansai oder Kinki genannte Region ist das historische und kulturelle Herz Japans, wo Tradition und schwirrendes Nachtleben Seite an Seite existieren.

Region Chugoku
Chugoku oder »Land der Mitte« ist eine zweigeteilte Region mit belebten Städten im Süden und einer stillen, ländlichen Gegend im Norden.

Region Kyushu-Okinawa
Kyushu-Okinawa verbindet aktive Vulkane, hügelige Wiesen und sprudelnde heiße Quellen mit dem lockeren Tropenparadies des südlicheren Okinawa.

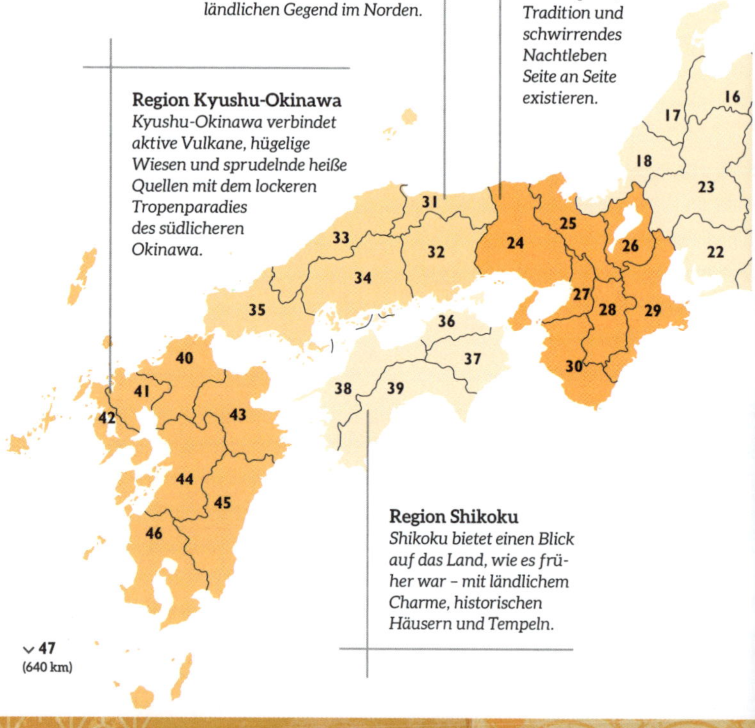

Region Shikoku
Shikoku bietet einen Blick auf das Land, wie es früher war – mit ländlichem Charme, historischen Häusern und Tempeln.

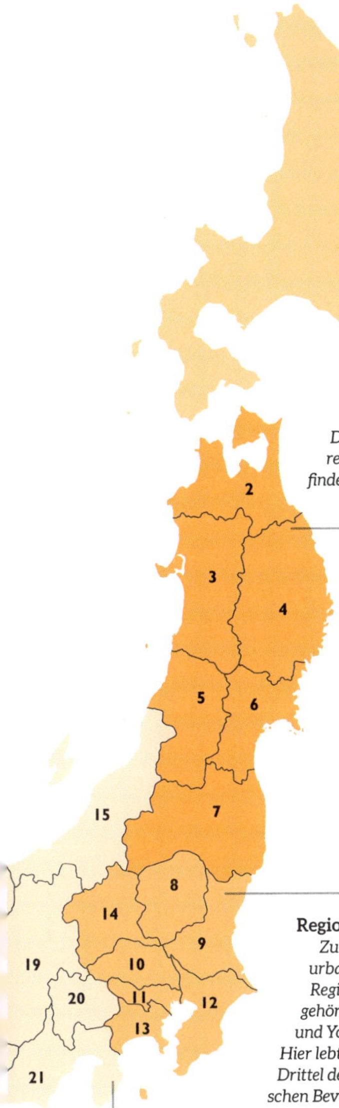

Region Hokkaido
Hokkaido ist eine Region aus Feuer und Eis mit fruchtbaren Feldern, bedrohlichen Vulkanen und besten Skibedingungen.

Region Tohoku
Die felsige und abgelegene Region ist reich an Mythen und Legenden. Hier findet man heilige Berge, dichte Wälder, und lebhafte Volkstraditionen.

Region Kanto
Zu der stark urbanisierten Region Kanto gehören Tokyo und Yokohama. Hier lebt etwa ein Drittel der japanischen Bevölkerung.

Region Chubu
Die gebirgige Region ist von beeindruckender Schönheit. Hier verschmilzt alte Tradition mit moderner Industrie.

Mini-Saisons

Traditionell hatte der japanische Kalender 24 Perioden, die in Mikro-Abschnitte unterteilt wurden, wie etwa *higurashi naku* (Abendzirpen der Zikaden).

Die fünf Hauptinseln

Der japanische Archipel besteht aus 6852 Inseln, von denen nur 430 bewohnt sind. Die überwiegende Mehrzahl der Bevölkerung lebt auf den fünf Hauptinseln Honshu, Hokkaido, Kyushu, Shikoku und Okinawa.

Frühling

Die Jahreszeit für den Neuanfang

Die rituellen Ausrufe *»oni wa soto, fuku wa uchi«* (»Dämonen heraus, Glück herein«) zu Setsubun am 3. Februar sind die ersten Zeichen für den Frühlingsbeginn in Japan. In Parks und Gärten sprießen langsam die Knospen, Ende Februar sind die ersten Pflaumenblüten zu sehen. Und jedes Jahr im März zur Zedernblüte ist wieder die Zeit für triefende Nasen und Mundschutz.

Frische Aromen

Während es zum offiziellen Frühlingsanfang, zum *shunbun no hi* am 21. März, auf Honshu, Kyushu und Shikoku bereits warm und sonnig ist, hängt Hokkaido temperaturmäßig noch hinterher. Okinawa dagegen ist jetzt die wärmste der fünf Inseln. In der neuen Saison macht das schwere Winteressen Platz für leichte Frühlingskost: Sansai-Gemüse kommt wieder auf die Teller, saftige Erdbeeren liegen in den Supermärkten, und frische Bambussprossen geben Gerichten die richtige Knackigkeit.

Rosarote Kirschblüte

Nichts läutet den Frühling schöner ein als die Kirschblüten, die das Land nach und nach in eine Palette von Rosatönen tau-

chen. Die Japaner feiern das Naturspektakel mit *hanami* (Blüten betrachten). Heute ist dieses Fest für die meisten Japaner zwar nur eine Gelegenheit, die Natur zu genießen und Zeit mit Freunden und Familie zu verbringen. Kulturell aber steckt eine tiefe Bedeutung hinter dem Ritual. Das Betrachten der flüchtigen Existenz der Kirschblüten ist das Sinnbild hinter dem Konzept *Mono no aware (siehe S. 72)* – die Freude und zugleich die Melancholie, die wir bei etwas so Schönem, aber Vergänglichem empfinden. Sie können *hanami* in ganz Japan erleben, die Blütenfront lässt sich mittels Apps verfolgen. Um sich unters Volk zu mischen, brauchen Sie nur eine Picknickdecke, eine Bento-Box und Getränke.

Voller Frühlingskalender

Hanami ist nicht das einzige Großereignis im Frühling. Am 14. März wird der »Weiße Tag« gefeiert, an dem Männer Geschenke machen – als Dank für das, was sie zum Valentinstag erhalten haben. In Japan schenken am 14. Februar nämlich nur Frauen. In die »Goldene Woche« (29. April – 6. Mai) fallen so einige Feiertage, an denen ganz Japan unterwegs zu sein scheint: Die öffentlichen Verkehrsmittel sind proppenvoll, die Preise schießen in die Höhe.

Am dritten Wochenende im Mai findet in Tokyos Stadtteil Asakusa das sehr ausgelassene Sanja-Matsuri-Fest zu Ehren der Sensoji-Tempelgründung statt. Sargträger tragen – laut rufend, tanzend und schubsend – 100 Schreine durch die überfüllten Straßen.

Am 1. April startet das fiskalische und akademische Jahr. Für viele Unternehmen beginnt die jährliche Überweisungsrunde, an Universitäten, Gymnasien, Schulen und Kindergärten finden Aufnahmefeiern statt. Auch der Reisanbau startet: Jetzt werden die gezogenen Setzlinge ausgepflanzt.

^ *Es blüht so schön, wenn in Kyoto die Kirschblüten* (sakura) *blühen.*

Sommer

Fun, Feste und Familie

Der moschusartige Geruch von Anti-Mückenspiralen, das Rasseln der Zikaden, Sonnenschirme, die Schatten spenden – willkommen in Japans Sommer! Ab Ende Juni, wenn die Schwüle der kurzen Regenzeit den Jahreszeitenwechsel signalisiert, enthält jede Unterhaltung mindestens ein seufzendes *»atsui!«* (heiß). Wenn der Sommer dann wirklich beginnt, scheint es das meistverwendete Wort überhaupt zu sein.

Das Thermometer steigt

Je nach Region klettern die Temperaturen im Juli und August gern über 35 Grad Celsius, in Städten wie Kumagaya (Präfektur Saitama) sogar noch höher. Da schafft selbst die Abkühlung am Abend oft keine Linderung, da die Luftfeuchtigkeit bei Sonnenuntergang auf 90 Prozent steigt. Zum Glück gibt es in Japan kühlende Köstlichkeiten wie *kakigori* – geschabtes Eis mit einem Topping aus Fruchtsirup und Kondensmilch. Oder die süßlichen, kalten Nudeln *somen*. Gegrillter Mais, saftige Wassermelone und gekühlte Edamame sind Sommersnacks, die oft in den Dach-Biergärten, die in ganz Japan im Sommer aufpoppen, zum kalten Bier gereicht werden.

Sommerfeste

Wenn die Sommerfestsaison startet, dann ist dem Japaner keine Hitze zu groß, keine Luftfeuchtigkeit zu hoch. Dann gibt's nur Spaß. Die Festivals sind sehr verschieden, haben aber Gemeinsamkeiten: die bunten Baumwoll-Kimonos *yukata*, die alle tragen, Straßenhändler, die gebratene Nudeln sowie *kakigori* verkaufen, und die Plastikventilatoren, die ein wenig Abkühlung bringen. Viele Feiern zelebrieren Mitte August Obon, wenn die Seelen der Vorfahren nach Hause zurückkehren. Bei dem Familienfest werden Laternen aufgehängt, um die Geister durch die Nacht zu lenken.

In Kyoto ist der Juli dem 1000 Jahre alten Gion Matsuri gewidmet. Höhepunkt des Monats ist eine Prozession riesiger Prunkwagen Mitte Juli. Beim mehrtägigen Awa-Odori-Fest in Tokushima auf Shikoku und der kleineren Tokyo-Version in Koenji (beide im August) gehen Tänzer und Musiker erst zur Dämmerung auf die Straßen, um frenetisch zu feiern. Im Sommer finden im Land auch vielerorts Hunderte von spektakulären Feuerwerken statt.

Kampf gegen die Hitze

Um der Hitze zu entkommen, folgen Sie den Japanern zu ihren beliebten Sommerorten. In die luftigen Alpen zum Beispiel *(siehe S. 51)*, nach Hokkaido im tiefen Norden, wo Winterskigebiete wie Niseko kühleres Sommerklima zum Wandern oder für andere Aktivitäten *(siehe S. 51)* bieten, oder in die weniger besuchte Region Tohoku mit ihrem Ackerland, schroffen Küsten und Bergketten. Es mag unlogisch klingen, aber auch die Thermalbäder *(siehe S. 208–211)* sind sehr beliebt. Die Luft ist meist kühler, und in den Traditionspensionen mit ihren luftigen *Tatami*-Matten-Räumen kann man sich – in leichten *Yukata*-Kimonos gekleidet – von der Sommersonne erholen.

^ Heiße Sommersonne an einem von Okinawas tropischen weißsandigen Stränden.

Herbst

Japan in Rot gezeichnet

Wenn Ende September die Hitze anfängt abzuflauen, spürt man förmlich den kollektiven Seufzer der Erleichterung in Japan. In den Häusern werden die Elektro-Ventilatoren eingepackt und die Fenster weit geöffnet, denn jeder genießt es, wieder frische Luft atmen zu können. Es spielen mehr Kinder in den Parks, und überall im Land verfärben sich die Blätter herbstlich.

Erdige Aromen

Auch wenn es in dieser Zeit Wirbelstürme geben kann, ist das Wetter im Oktober, November und noch im frühen Dezember bezaubernd – tagsüber warm, kühl in der Nacht und überwiegend trocken und sonnig. Die Herbstküche ist ebenso besonders. Ende November ist es kalt genug für die *Nabe*-Feuertöpfe. Auch die teuren *Matsutake*-Pilze kommen wieder auf die Teller: einfach gegrillt, um ihr erdiges Aroma zu betonen, gedämpft mit Reis als *matsutake gohan* oder zusammen mit Shrimps, Hühnchen und saisonalen Ginkgonüssen für *dobin mushi*. Diese klare Suppe wird in einer kleinen Teekanne gedünstet und in einer Teetasse mit einem Spritzer *Sudachi*-Zitrusfrucht serviert.

Wertschätzung der Natur

Ähnlich wie die Kirschblüten im Frühling sind im Herbst die *koyo* (Herbstblätter) ein Naturschauspiel. Es gibt zwar kein Pendant zu den *Hanami*-Festen *(siehe S. 15)*, aber die Menschen besuchen die Parks und reisen in die Berge, um das bunt gefärbte Laub zu bestaunen. Die gelben Blätter entlang der Ginkgo Avenue im Meiji-Jingu-Gyoen-Park sind der Hit, genauso wie das strahlende Rot und Gelb im Rikugi-en-Park. Am Eikando-Tempel in Kyoto stehen die Menschen für das tiefrote Blattwerk der Ahornbäume Schlange. Abseits der Städte ist es weniger überfüllt, wie etwa an den fünf Fuji-Seen nahe dem Berg Fuji und im Nationalpark Daisetsuzan in Hokkaido. Der Berg Hachimantai zwischen den Präfekturen Iwate und Akita in Tohoku präsentiert einen wahren Herbstfarbenrausch, der am schönsten aus einer der vielen heißen Quellen der Region anzuschauen ist.

Herbstfestivals

Neben Naturschauspielen bietet der Herbst auch Großereignisse wie Kyotos Jidai Matsuri Ende Oktober. Bei dem Fest prozessieren mehr als 1000 Teilnehmer, die Personen aus der japanischen Geschichte darstellen. Am Tosho-gu-Schrein in Nikko (UNESCO-Welterbe) findet Mitte Oktober das Große Herbstfest mit *Yabusame*-Vorführungen (Bogenschießen zu Pferd) statt. An Halloween ist es abends in Shibuya in Tokyo noch warm genug für die größte Kostümparty des Jahres. Sie zieht jährlich etwa eine Million Menschen an, und es kann ziemlich laut zugehen. Nichts für Kinder also. Viel unauffälliger ist das Shichi-Go-San Mitte November. Bei diesem nationalen Fest werden Kinder im Alter von drei, fünf und sieben Jahren in bunte Kimonos gesteckt. Zusammen mit ihren Familien besuchen sie dann die Schreine, um für zukünftiges Glück zu beten.

^ Herbstlich gefärbtes Blätterwerk am Kiyomizu-dera-Tempel in Kyoto.

Winter

Warm halten und nach vorn sehen

Wenn Ende November in Tokyo die letzten Herbstblätter zu Boden fallen, schleicht sich ganz langsam der Winter ein. Bei größtenteils blauem Himmel kann die Luft so trocken werden, dass die Haut zu reißen droht. In den Automaten werden viele Kaltgetränke gegen warme ausgetauscht. Abends hört man die eingängige Musik der Süßkartoffelwagen, die mit ihrem karamellisierten Kohleduft die Winterzeit einläuten. Und sobald die Halloween-Dekoration abgehängt wird, strahlt mit der Winterbeleuchtung festliche Vorfreude durchs ganze Land.

Wärmende Gerichte

Von Dezember bis Ende Februar ist es in vielen Teilen Japans sehr kalt. Um sich aufzuwärmen, schwören jetzt viele auf saisonale Speisen wie Schmorgerichte, Currys und Eintöpfe wie *oden*. Die auffälligste Köstlichkeit dieser Jahreszeit kommt in ganz Japan gegen Ende Dezember mit *osechi-ryori* (traditionelle Neujahrsgerichte) auf die Tische – oder in verzierte Lackkartons. Diese wunderschönen Boxen präsentieren hübsch aufgeteilte Portionen Bohnen, Fleisch, Fisch und andere kleine Häppchen, die alle eine eigene Bedeutung

haben. So symbolisieren schwarze Bohnen Gesundheit, und der Seetang *kobu* wird mit *yorokobu* oder Freude assoziiert. Bei den roten und weißen Fischpasteten *kamaboko* steht Weiß für die Reinheit, und Rot ist die Farbe für Glück. In jeder Box gibt es mehr als ein Dutzend Dinge zu probieren. Zu Silvester werden oft Soba-Nudeln gereicht. Sie sollen ein langes Leben symbolisieren.

Weihnachten und Neujahr

Japans Winterimpressionen sind vielfältig: von starkem Schneefall in Hokkaido bis zu angenehmer Wärme in Okinawa. Weihnachten aber ist überall gleich. Der Weihnachtsmann besucht die Grundschulen, in den Eingangshallen werden Bäume aufgestellt, und KFC macht wieder ein Bombengeschäft mit Weihnachtshähnchen. Aber kaum jemand nimmt Urlaub, und am 25. Dezember ist alles vorbei. Silvester ist ähnlich unspektakulär. Die Zeit wird für die Familie und zur Erholung fürs nächste Jahr genutzt. An Neujahr dreht sich viel um Fernsehen und Essen. So sitzen die Japaner gern unter dem *kotatsu* (geheizter Tisch) und verputzen *osechi-ryori*, während sie den Kohaku-Uta-Gesangswettbewerb schauen.

Winterfeierlichkeiten

Was manche die Völlerei vergessen lässt, ist *hatsumode*: der erste Schreinbesuch des Jahres, um für Glück im neuen Jahr zu beten. Viele strömen zu den glückbringenden Schreinen wie Meiji Jingu in Tokyo und Ise Jingu in der Präfektur Mie. Andere zieht es an die Küste oder in die Berge, um *hatsuhinode*, den ersten Sonnenaufgang des Jahres, zu sehen. Wenn die Ferien vorbei sind, gibt es viele Events, zu denen die Menschen trotz Kälte pilgern – keines aber ist so groß wie das Sapporo-Schneefestival in Hokkaido mit seinen gigantischen Eis- und Schneeskulpturen rund um Sapporo.

^ Schneebedeckte Landschaft in der Präfektur Fukushima.

Die erste Begegnung

Erleben Sie den Rhythmus des Alltags

Die erste Reise nach Japan ist ein aufregendes Erlebnis. Es ist überraschend einfach, sich dem Rhythmus des täglichen Lebens dort anzupassen. Das Essen, die Sprache und die Etikette, die jede Interaktion lenkt – sie alle machen den Reiz aus, Japan zu entdecken.

Tauchen Sie ein in den japanischen Alltag, fahren Sie mit den öffentlichen Verkehrsmitteln, verstehen Sie die Bedeutung von guten Manieren, treffen Sie Einheimische und entschlüsseln Sie die Bedeutung hinter den Symbolen, die Sie überall entdecken. Mit jedem Tag und jeder neuen Begegnung wird Ihr Verständnis für die Kultur tiefer werden.

Herumkommen

Japan besitzt das effizienteste öffentliche Verkehrsnetz der Welt. So sollte also jede Reise zu fast allen Destinationen im Land mit dem Zug oder Bus schnell, stressfrei und komfortabel sein. Für die vielen Pendler, die für die Fahrt zur Arbeit auf Züge und U-Bahnen angewiesen sind, stellt es sich jedoch etwas anders dar. In Tokyo fahren täglich 20 Millionen Menschen mit Zügen. Das führt zu einer unglaublich betriebsamen Rushhour. Was die Fahrt durch das tägliche Gedränge erleichtert, sind gute Zugmanieren. Wichtigste Regeln sind: keine lauten Unterhaltungen und den Rucksack oder das Gepäck vor sich stellen, um Platz für andere zu schaffen.

Verkehrsschilder sind für gewöhnlich auf Japanisch und Englisch, was das Zurechtfinden erleichtert. Allerdings kann es in kleinen Städten auf dem Land zu einer Herausforderung werden, den gesuchten Ort zu finden. Nicht alle Straßen haben Namen, und die Hausnummern an Gebäuden in einer Siedlung können nach dem Bauzeitpunkt sortiert sein. Kommen Sie nicht weiter, fragen Sie einen Polizisten. In Kyoto verbringt ein Polizist 90 Prozent seiner Zeit mit Wegbeschreibungen.

^ Von links nach rechts: *Shinjuku ist ein wichtiger Verkehrsknotenpunkt in Tokyo mit dem frequentiertesten Bahnhof der Welt. Stäbchen werden fürs Kochen, Servieren und zum Essen benutzt.*

Etikette

Japaner sind bekannt für ihre Zurückhaltung. Aber alle, die schon laut mit *»Irasshaimase!«* (»Willkommen!«) beim Betreten eines Ladens oder eines Restaurants begrüßt wurden, wissen, dass die Kultur nicht immer so reserviert ist, wie sie scheint. Trotzdem gibt es Regeln, die Sie kennen sollten. Zwar erwartet niemand von Ihnen, dass Sie alles richtig machen. Aber das Respektieren der Regeln – es geht stets um die Wertschätzung von Harmonie *(wa)* – zeigt guten Willen und erleichtert den Umgang.

Verbeugung Beim ersten Treffen ist es höflich, sich als Zeichen des Respekts zu verbeugen. Es ist ebenso eine Geste zur Danksagung und beim Abschied.

Schuhe Überall, wo *Tatami*-Matten liegen *(siehe S. 77)* – und immer bei jemandem zu Hause –, müssen Sie Ihre Schuhe ausziehen, um keinen Dreck ins Haus zu tragen.

Badezimmer In fast jedem Bad eines Wohnhauses oder *ryokan* (Traditionsgasthof) stehen Pantoffeln vor der Tür. Ziehen Sie dort Ihre Schuhe aus und schlüpfen Sie in die Schlappen. Egal, ob in einem öffentlichen Bad oder in einer heißen Quelle *(siehe S. 208f)*, Sie müssen sich im Nassraum auf dem dafür vorgesehenen Schemel waschen, bevor Sie ins Bad gehen, denn das ist nur zur Entspannung gedacht.

Stäbchen Zeigen Sie nie mit Stäbchen auf Personen, wedeln Sie damit nicht herum und spießen Sie kein Essen auf. Und niemals sollten Sie sie in eine Schale mit Reis stecken, da das ein Trauerritual ist.

Geld Selten wandert Geld von Hand zu Hand. Möchten Sie zahlen, legen Sie es auf ein dafür vorgesehenes Tablett. Trinkgeld hat keine Tradition, und so wird es Ihnen auch immer wieder zurückgebracht.

Shoppen Damit beim Anprobieren keine Make-up-Flecken auf die Kleidung kommen, nehmen Sie die Tüten an, die Ihnen vor der Ankleide angeboten werden, und bedecken Sie damit Ihr Gesicht.

Kommunikation

Wenn Sie vor dem Abflug noch Zeit haben, ein paar nützliche Sätze Japanisch zu lernen, ist das toll. Wenn nicht, kommen Sie ebenso gut durch. Sie müssen kein Japanisch sprechen, um zu kommunizieren: Respektvolles Verhalten und gute Manieren bringen Sie schon sehr weit.

Sie werden vielleicht feststellen, wie einfach und natürlich es ist, ins Gespräch zu kommen. Die meisten Japaner werden hocherfreut sein, dass Sie sich für ihr Land interessieren und die Menschen kennenlernen wollen. Auch wenn manche des Englischen nicht mächtig sind, haben viele Japaner Englischunterricht gehabt und werden es lieben, ihre Kenntnisse aufzufrischen.

Auch in ungezwungenem Rahmen wie bei einem Sportereignis oder in einer *izakaya* (japanische Kneipe) werden Ihnen die Landsleute ihre Visitenkarte reichen – eine übliche Umgangsform beim ersten Kennenlernen. Nehmen Sie sie mit beiden Händen an und händigen Sie Ihre aus, sofern Sie eine dabeihaben. Stecken Sie die Karte sorgfältig in Ihre Brieftasche und stopfen Sie sie auf keinen Fall in die Hosentasche.

Symbolik

Farben haben in Japan eine große Bedeutung. Das geht zurück auf die frühe Geschichte des Landes, als sie den sozialen Status in der Gesellschaft darstellten. Auch Tiere haben dank Volkstum und Mythen eine faszinierende Symbolkraft. Halten Sie Ausschau nach diesen häufigen Motiven.

Farben

Akane Dieser Rotton wird für Schreine benutzt, er soll Schutz vor allem Übel garantieren und stärkt die Kraft der Geister.

Weiß Die Farbe steht für Fromm- und Reinheit. An heiligen Orten hängt oft weißes Zickzackpapier *(shide)*. Es markiert die Grenze von irdischer und spiritueller Welt.

Schwarz Dieser Ton strahlt Würde und Förmlichkeit aus. Diese Farbe wird für die Roben der Buddhisten-Mönche verwendet.

⌄ **Von links nach rechts:** Die Torii-*Pforten beim Shinto-Schrein sind akanerot. Weiße Luftschlangen in Zickzackform werden bei Shinto-Ritualen verwendet. Die Roben buddhistischer Mönche in Japan sind schwarz oder haben gedämpfte Farben wie Braun und Grau.*

^ **Von links nach rechts:** Tanuki-*Figuren tragen Sake als ein Symbol für Tugend. Winkekatzen wurden in der Edo-Zeit eingeführt.*

Violett Früher war die Herstellung purpurner Farbe schwierig, weshalb sie mit einem hohen Status assoziiert wurde. In traditionellen *No*-Theatern zum Beispiel lassen sich Kaiser und Götter leicht an ihren lila und weißen Kostümen erkennen.
Blau In der frühen japanischen Sprache gab es keine Unterscheidung von Blau und Grün. Das ist der kuriose Grund, warum noch heute das Wort für Blau *(ao)* grünes Ampellicht und Blätter beschreibt.

Tiere

Koi Weil sie gegen den Strom schwimmen können, sind Karpfen ein Symbol für Ausdauer. Die verschiedenen bunten Koi-Karpfen stehen außerdem für Treue und Heirat.
Kraniche Nach japanischen Legenden leben Kraniche 1000 Jahre lang, weshalb diese Vögel Glück und Langlebigkeit repräsentieren. Der Kranich ist auch eng mit Hochzeiten und Neujahrsfeiern verbunden.
Fuchs Füchse gelten als die Boten der Shinto-Gottheit Inari und sind oft bei Schreinen zu finden *(siehe S. 62f)*. Altes Brauchtum malt sie auch als listige Gauner, die sich in Menschen verwandeln können. Es gibt die Theorie, dass die gängige Telefonbegrüßung *»moshi moshi«* eigentlich verwendet wird, weil sie ein Zungenbrecher für Füchse ist und beweist, dass man eine echte Person ist.
Tanuki Diese Unterart des asiatischen Marderhunds wird als Meister der Tarnung und Formwandler gehandelt. *Tanuki*-Figuren mit komisch aufgeblasenen Hodensäcken sind erstaunlicherweise ein alltäglicher Anblick und bedeuten Glück.
Katzen Die *maneki-neko* (Winkekatze) soll Glück, Freude, Wohlstand und Erfolg bringen. Die bunte Katze mit ihrem freundlichen Gesicht und der erhobenen Pfote wird Sie oft am Eingang von Läden oder Restaurants begrüßen.

Japans Wesenskern

Ob Sie Ihre erste Japan-Reise planen oder neue Ideen für den zweiten Besuch brauchen, hier finden Sie die Highlights, die Sie nicht missen sollten: ein Mix aus Kulturerlebnissen und atemberaubenden Ausblicken, verteilt über den ganzen Archipel – Erlebnisse, die Sie tiefer in das Herz und die Seele Japans blicken lassen.

1. Überschreiten Sie die Schwelle zur Götterwelt in einem Shinto-Schrein Besuchen Sie einen Shinto-Schrein und tauchen Sie ein in die Welt der Götter. Sie werden feststellen, dass es in manchen still zugeht, in anderen recht lebendig mit klingenden Glocken und dem Stimmengemurmel der Menschen, die über ihre gekauften Liebesorakel reden *(siehe S. 60–63)*.

2. Picknicken Sie im Frühling unter Kirschblüten Ein wahres Fest der Natur und des Jahreszeitenwechsels: Folgen Sie den Blüten, wenn sich die Knospen – von März im Süden bis Mai im Norden – langsam im ganzen Land öffnen *(siehe S. 14f)*.

3. Talent nicht nötig: Singen Sie aus vollem Hals beim Karaoke Speisen und Getränke lassen sich direkt in den privaten, schalldichten Raum ordern. Halten Sie sich also nicht zurück und schmettern Sie beim Karaoke Ihre Lieblingssongs *(siehe S. 158f)*.

4. Erleben Sie eine stille Teezeremonie Verfallen Sie dem Zauber dieses traditionellen, eleganten Rituals. Die Zeremonie ist voller Zen-inspirierter Momente von Friede, Meditation und Schönheit in Form von Keramikschalen und Wandschmuck *(siehe S. 198f)*.

5. Besuchen Sie Kyoto, die historische Ikone im Herzen des modernen Japan Die Stadt besitzt unglaubliche Architektur und mehr UNESCO-gelistete Welterbestätten als jede andere Stadt auf der Welt. Der beste Weg, Kyoto zu erleben, ist die Unterkunft in einem *ryokan* (Traditionsgasthaus), wo Sie auf einem Futon auf *Tatami*-Matten schlafen und klassisch-japanische Gerichte essen, die mit viel Sake heruntergespült werden *(siehe S. 42)*.

6. Erleben Sie japanischen Stil in den Mode-Vierteln der großen Städte Sonntags werden die Straßen zum Laufsteg für stilsichere Shopper, die mit dem letzten Modeschrei angeben oder die japanische Tradition von farbenfrohem Experimentieren weiterführen *(siehe S. 128–131)*.

7. Finden Sie inneren Frieden in einem Zen-Garten Auf den ersten Blick wirken Zen-Gärten karg und kahl, sieht man genauer hin, erkennt man, dass jeder Stein einen bestimmten Zweck erfüllt – der Schlüssel zu wahrer Gelassenheit *(siehe S. 78f)*.

8. Feiern Sie mit bei einem der ausgelassenen Sommerfeste Jede Feier ist anders, manche sind religiöser oder historischer Natur, aber überall sind beschwingte Menschenscharen, die Streetfood, Entertainment und eine tolle Zeit mit Freunden und Familie genießen *(siehe S. 17)*.

9. Kreieren Sie lebende Skulpturen mit *ikebana* Mit Stilmitteln wie der Auswahl der Vase und dem Abstand von Zweigen und Blumen fangen Sie die vergängliche Schönheit der Natur ein *(siehe S. 74f)*.

10. Ziehen Sie den Automatenklassiker: Dosenkaffee Japans tägliches Grundnahrungsmittel: Ignorieren Sie die Cafés und halten Sie am nächsten Automaten – weit weg wird das omnipräsente Gerät nicht sein. Genießen Sie erfrischend kalten Kaffee im heißen Sommer oder eine herrlich heiße Dose im Winter *(siehe S. 104f)*.

11. Tauchen Sie ab in eine heiße Quelle Japan ist das aktivste vulkanische Gebiet der Welt. Kein Wunder, dass heiße Quellen Bestandteil der Kultur sind. Ergründen Sie, warum Japaner so gern in ein heißes Outdoor-Becken *(rotenburo)* tauchen. Genießen Sie dieses einmalige Kulturerlebnis und die fantastische Natur *(siehe S. 208f)*.

12. Probieren Sie prämierten Whisky im Highball-Glas Dank des Klimas und der Lagerung in heimischem Holz ist Japans Whisky weltweit beliebt. Passt perfekt zu Fleisch oder Meeresfrüchten *(siehe S. 200f)*.

Historisches

Die Geschichte Japans

^ *Murasakis* Die Geschichte vom Prinzen Genji *gilt als der erste Roman der Welt.*

Die japanische Geschichte ist geprägt von Zeiten der Isolation. Dadurch konnte das Land seine ganz eigene Kultur entwickeln, die die Welt dann – als Japan sich im 19. Jahrhundert international öffnete – so faszinierte.

Die Heian-Zeit

Erste Aufzeichnungen über Japan erschienen in Jahrbüchern chinesischer Höfe aus dem 3. Jahrhundert. Sie erzählen von Menschen auf den Inseln vor der Küste Koreas, über die die Königin Himiko herrschte.

Als der Kontakt zwischen China, Korea und Japan enger wurde, entstand in Japan eine neue Elite – tief verankert in der chinesischen Aristokratie. Benannt nach seiner Hauptstadt (heutiges Kyoto), war die Heian-Zeit (794–1185) ein Wendepunkt in der japanischen Kultur. Der Hofadel vereinigte indigene Elemente und Themen wie einheimische Mythologie und Wertschätzung der Natur mit traditionellen chinesischen Beschäftigungen wie Hofmalerei, Kalligrafie und Dichtkunst.

Gebildete Heian-Frauen brachten die erste japanische Silbenschrift *hiragana* auf den Weg und schufen epochenbestimmende Literatur. Werke wie *Die Geschichte vom Prinzen Genji* und das *Kopfkissenbuch* sind von edlem Feingefühl und verewigen das elegante Leben am Hofe Heians.

Schlüsselmomente in Japans Geschichte

300 v. Chr. – 300 n. Chr.
Neue Methoden für Ackerbau, Metallbearbeitung und Töpferei erreichen den Südwesten Japans vom Festland über Korea.

239
Königin Himiko von Yamatai (frühes Japan) sendet Boten nach China.

794
Heian-kyo (Kyoto) wird Hauptstadt von Japan.

^ **um 1000**
Die Hofdame Murasaki schreibt Die Geschichte vom Prinzen Genji.

v **1180–1185**
Minamoto-Clan schlägt Taira-Clan und begründet das Kamakura-Shogunat.

Die Regeln der Samurai

Die feine Welt am Hofe wurde 1185 durch den Kampf der rivalisierenden Adelsfamilien Taira und Minamoto zerstört und markiert die Verdrängung von Kyotos Aristokratie durch eine feudale Kriegerkultur, die Samurai. Dieser Bürgerkrieg führte zu Japans erster Shogunat-Verwaltung und zur Machtverlegung von Kyoto nach Kamakura. Shogune waren durch Erbfolge legitimierte Kriegsherrscher, die im Namen des Kaisers regierten und über das Land Macht ausübten. Etwa zur selben Zeit wurde ein anderer China-Import, der Zen-Buddhismus, beliebt. Glaubensgebote wie intuitives Handeln oder dem Tod ohne Angst zu begegnen, waren Konzepte, die die Kriegerelite rasch kultivierte.

Im Jahr 1467 beendete ein neuer Bürgerkrieg die Regentschaft der Shogune, darauf folgte ein Jahrhundert des Aufruhrs. Letzten Endes stellten die drei Reichseiniger Oda Nobunaga, Toyotomi Hideyoshi und Tokugawa Ieyasu die Autorität der Zentralregierung wieder her. Der Sitz der Macht wurde in das kleine Fischerdörfchen Edo, das heutige Tokyo, verlegt.

Edo-Zeit

Um das Land zu stabilisieren, beschränkte das neue Tokugawa-Shogunat den fremden Schiffsverkehr auf die Nagasaki-Gegend. Die zuvor willkommenen Portugiesen wurden – nach den Versuchen der Jesuiten, die Japaner zum Katholizismus zu bekehren – komplett des Landes verwiesen. Nur die Niederländer, die die Unterdrückung der Christengemeinschaft in Japan unterstützten, durften weiter Handel treiben.

Für die nächsten 200 Jahre war Japan quasi vom Westen abgeschnitten. Mit der Wiederherstellung des Friedens florierte das Land, und um 1700 war Edo mit mehr als einer Million Einwohnern die größte Stadt der Welt. In den neuen, reichen Städten schufen die wohlhabenden Händler ihre eigene Kultur, die gekennzeichnet war von schlüpfriger Literatur, zügellosem Theater und den Vergnügungsvierteln – bekannt als »fließende Welt«. Diese Zeit der Isolation ist der Hauptgrund für die Entstehung der einzigartigen Kultur Japans, die das Land bis heute noch so faszinierend macht.

⌄ Die Helme der Samurai-Rüstungen waren mit Wappen geschmückt, wie die Kamelie unten.

1274
Die Japaner taufen die einfallende Mongolenflotte, die in einem Taifun zerstört wird, »Kamikaze«.

1467
Beginn des Onin-Kriegs, bei dem ein Feuer einen Großteil Kyotos zerstört.

^ 1603
Tokugawa Ieyasu gewinnt die Schlacht von Sekigahara und gründet das Tokugawa-Shogunat mit Sitz in Edo (Tokyo).

1641
Fremder Handel wird auf eine Insel in der Nagasaki-Bucht beschränkt, nur Niederländer und Chinesen haben Zugang.

1689
Der berühmte Haiku-Poet Matsuo Basho macht sich auf die Reise gen Norden.

⌄ 1831
Entstehung der 36 Ansichten des Berges Fuji von Hokusai.

^ Zum Gedenken an alle, die ihr Leben im Kanto-Erdbeben verloren haben, wird am 1. September um 11:58:44 Uhr im ganzen Land ein Moment der Stille eingelegt.

Die Meiji-Ära

1853 landete Kommandeur Perry von der US-Seeflotte in der Bucht von Edo, um Japan zu überzeugen, in internationale Beziehungen zu treten. Geschwächt von inneren Unruhen, hatte das Shogunat keine andere Wahl, als der Forderung nachzugeben. In den daraus resultierenden Widerständen nutzten Reformer westliche Militärtaktiken und Technologien, um das Shogunat zu Zugeständnissen zu zwingen, die das Ende ihrer Herrschaft einläuteten.

Im Jahr 1868 war die imperiale Macht wieder hergestellt, und Kaiser Meiji zog in die neue Hauptstadt Tokyo. Das Meiji-Regime nahm schnell die technologischen Errungenschaften des Westens an und begann mit der Modernisierung des Landes. Scheinbar über Nacht machten sich in ganz Japan westliche Handelsmarken breit – von Eisenbahnen und Banken bis zu Zigaretten und Zylinderhüten.

Frühes 20. Jahrhundert

Der Meiji-Kaiser, der während seiner Regentschaft grundlegende Veränderungen durchgesetzt hatte, verstarb 1912. Die folgende Taisho-Ära war die Zeit der Parteipolitik. Das Wahlrecht wurde ausgedehnt, Arbeitsgesetze wurden erlassen. Eine neue lebendige Kultur kam auf, in der die jungen Frauen und Männer des Landes ihre neuen wirtschaftlichen, sozialen und politischen Freiheiten feierten.

Japan schien auf Liberalisierungskurs zu sein. Doch 1923 schlug das Große Kanto-Erdbeben zu. Mehr als 100 000 Menschen starben, ein Großteil Tokyos war zerstört. Die Konservativen sahen darin die Strafe des Himmels für die Exzesse der Taisho-Ära. Es kam das Gerücht auf, dass in Tokyo lebende Koreaner das Unglück ausnutzten, plünderten und Brände legten. Die folgenden Ausschreitungen gegen die koreanischen Einwanderer nutzten die Konservativen zum Wiedererlangen ihrer Macht.

^ 1853
Kommandeur Matthew Perry landet in der Edo-Bucht. Japan öffnet sich langsam der westlichen Welt.

1856
Japanische Drucke werden in einer Verpackungskiste in Paris entdeckt, in Europa entsteht eine »Japonismus«-Welle.

1868
Nach der Shogunat-Ära kehrt die imperiale Macht zurück. Hauptstadt Edo wird zu Tokyo.

^ 1905
Japan geht siegreich aus dem Russisch-Japanischen Krieg hervor, Korea wird zum japanischen Protektorat.

v 1923
Das Große Kanto-Erdbeben zerstört Tokyo und Yokohama und hinterlässt 600 000 Menschen ohne Obdach.

Schnell übernahm das japanische Militär die komplette Kontrolle über die Stadt.

Mitte der 1930er Jahre war das Land in einen Krieg mit China verwickelt, was Japan vom Rest der Welt entfremdete. Im Dezember 1941 traf Japan dann die schicksalhafte Entscheidung, die USA und das britische Reich überraschend anzugreifen und somit in den Zweiten Weltkrieg einzutreten. Im August 1945, als die meisten Städte Japans in Ruinen lagen und es Millionen von Toten in ganz Asien gab, warf die USA Atombomben auf Hiroshima und Nagasaki. Kaiser Hirohito befahl daraufhin seiner Regierung, um Frieden zu bitten.

Die Nachkriegsjahre

Japan war nach der Kapitulation sieben Jahre lang von den USA besetzt, was das Land sehr veränderte. Die Amerikaner führten die Demokratie und persönliche Freiheiten ein. Das wäre selbst zur freigeistigen Taisho-Zeit undenkbar gewesen.

Als 1952 die US-Besatzung endete, war Japan zum ersten Mal seit Jahrzehnten frei von Militärkontrolle. Das löste geradezu eine kreative Schockwelle aus, die zu intensiven Innovationen in Kunst, Film, Literatur und Architektur führte. Japans Industrieproduktion boomte, als die USA zuerst mit Korea und dann mit Vietnam Krieg führten. Schnell machten Automobil- und Technologie-Exporte Japan zu einer der reichsten Nationen der Welt. Im Land ging es immer höher hinaus, bis 1992 die Wirtschaftsblase platzte und Japan eine mehr als zwei Jahrzehnte dauernde Stagnation bescherte.

Japan im 21. Jahrhundert

Trotz der wirtschaftlichen Misere bleibt die Nation ein industrieller und kultureller Gigant auf der Weltbühne. Die Japaner haben Widerstandskraft in der Bewältigung von Rückschlägen bewiesen. In der Zeit nach dem Tohoku-Erdbeben und der Nuklearkatastrophe in Fukushima 2011 haben sie durchgehalten und alles wieder aufgebaut. Sie sind immer noch Visionäre auf den Feldern Transport, Weltraumforschung, Technologie, Design und Medien.

Die Olympischen Sommerspiele, die ursprünglich für das Jahr 2020 geplant waren, wurden aufgrund der COVID-19-Pandemie um ein Jahr verschoben.

Die Olympischen Sommerspiele fanden ohne Zuschauer und unter hohen Sicherheitsvorkehrungen statt.

1941–1945
Japan attackiert Pearl Harbor und tritt in den Zweiten Weltkrieg ein, der mit dem Atombombenabwurf auf Hiroshima endet.

1964
Tokyo ist die erste Stadt in Asien, die Olympische Spiele ausrichtet.

1992
Japans Wirtschaftsblase platzt. Jahrzehntelanges Nachkriegswachstum hat ein Ende.

2011
Großes Erdbeben und Tsunami treffen das nördliche Honshu. Als Folge ereignet sich in Fukushima eine Nuklearkatastrophe.

2019
Mit der Abdankung von Kaiser Akihito endet die Heisei-Ära. Kronprinz Naruhito besteigt den Thron, die neue Reiwa-Zeit beginnt.

‹ *Das* tanabata *(Sternenfest) wird seit 1979 auch in São Paulo gefeiert.*

Japan überall auf der Welt

Erleben Sie Japan, wo immer Sie sind

Japans Kultur geht längst weit über die eigenen Landesgrenzen hinaus und hat – von Hollywood-Filmen bis zu unseren Snacks in der Mittagspause – in der westlichen Welt Einzug gehalten. Auch dank der vielen weltweiten Festivals und Feiern. Hier nur einige Highlights.

Festivals

Großbritannien Die Hyper Japan in der Londoner Olympia-Messehalle zeigt jedes Jahr im Juli die absolut neuesten Trends zu den Themen Gastronomie, Mode, Livemusik, Spiele, Anime und alternative Kunst.

USA Das Obon-Fest zu Ehren der Seelen verstorbener Ahnen kam im 19. Jahrhundert nach Hawaii. Heute bringt das Event den Sommer über Klänge und Düfte Japans auf die Insel, mit Streetfood, Livemusik, Tanz und Laternen zum Sonnenuntergang.

Deutschland Düsseldorfs jährlicher Japan-Tag (im Mai oder Juni) ist ein sehr beliebtes Fest mit einem facettenreichen Kulturprogramm von Cosplay bis Origami.

Brasilien Jedes Jahr im Juli drängen sich in den Straßen von São Paulos Viertel Liberdade – mit der größten im Ausland lebenden japanischen Gemeinde – die Besucher, um *tanabata* zu begehen. Bei dem Sternenfest werden Gebete an die Bäume gehängt.

Kirschblütenfeste

USA Feiern Sie in San Franciscos Viertel Japantown während des nordkalifornischen Kirschblütenfests oder reisen Sie nach Washington, D.C. zum National Cherry Blossom Festival, um die Blüte der mehreren Tausend Bäume der Stadt – ein Geschenk Japans – zu feiern.

Kanada Sehen Sie sich satt an den Blüten der 40 000 Kirschbäume – Japans Geschenk in den 1930ern – beim fröhlichen Kirschblütenfest in Vancouver.

Niederlande Machen Sie im Bloesempark in der Parkanlage Amsterdamse Bos mit Freunden und Familie ein Picknick unter den pastellpinken Bäumen und feiern Sie das Amsterdamer Kirschblütenfest.

Eine Kostprobe Japans

Großbritannien Wer in London eine *izakaya* (japanische Kneipe) sucht, ist im Asakusa goldrichtig. Alle, die ihre Lieblingsgerichte selbst kochen, gehen einfach die Straße runter – zu Europas größtem japanischem Supermarkt Ichiba. Japanischen Whisky gibt es unter anderem im Kouzu.

USA San Francisco ist Heimat der ältesten Japan-Gemeinde in den USA. Kein Wunder also, dass sie mit das beste japanische Essen in Amerika bietet. Die Restaurants sind so authentisch, dass sie sogar *sampuru* (Beispiele) präsentieren: Die nachgemachten Gerichte aus Wachs und Plastik sieht man sehr oft in Japans Restaurants.

Deutschland In Düsseldorf – auch Klein-Tokio am Rhein genannt – lebt Europas größte japanische Community. Die City bietet eine Vielzahl an guten Ramen-Lokalen. Für ein etwas ungewöhnlicheres Erlebnis besuchen Sie Soba-An im japanischen Viertel. Die hausgemachten Buchweizennudeln des Lokals sind Balsam für heimwehkranke Expats und eines der bestgehüteten Geheimnisse der Stadt.

Niederlande Die Niederlande waren das einzige westliche Land, das während der 200-jährigen Abschließung in Japan präsent sein durfte. Diese historische Verbindung spiegelt sich in den vielen Gerichten, die es in Amsterdam zu probieren gibt, wie *okonomiyaki* (pikante Pfannkuchen), Sushi, Yakitori und Ramen. Sterneküche bieten das *Teppanyaki*-Restaurant Sazanka oder das Yamazato im Hotel Okura in Amsterdam.

Stille Gärten

Großbritannien Entfliehen Sie dem Londoner Trubel und besuchen Sie die japanisch inspirierte Dachterrasse der School of Oriental and African Studies oder die japanische Landschaft in den Kew Gardens.

Der Cowden Garden in Schottland gilt als »der wichtigste japanische Garten in der westlichen Welt«. Er ist der erste und einzige Garten dieses Ausmaßes, der von einer Frau gestaltet wurde.

USA San Franciscos riesiger Teegarten im Golden Gate Park wurde 1894 mit Teehaus und Trockengarten angelegt und richtet jährlich ein Sommerfest mit Teezeremonien und anderen Events aus. Der ruhige japanische Garten in Portland wird weltweit für seine Authentizität gelobt, aber das Verrückteste ist wohl das verborgene Heiligtum auf dem Dach des DoubleTree Hotel in Little Tokyo in Los Angeles. Mit seinem manikürten Grün, rauschenden Wasserfällen und ruhigen Teichen ist es das akribische Abbild des Gartens, der im 16. Jahrhundert für den Samurai Lord Kiyomasa Kato in Edo designt worden war.

Frankreich Der hübsche Parc Oriental in Maulévrier besitzt eine der feinsten Bonsai-Kollektionen in Europa und besticht durch seine charmanten japanischen Traditionsteehäuser, geschlungene Bäche, Brücken, eine Pagode und einen Gartenshop – perfekt für den Start einer eigenen Bonsai-Sammlung. In Paris bietet der schöne japanische Garten Ichikawa einen unerwarteten Rückzugsort im Herzen der Stadt.

Monaco Der japanische Garten wurde 1994 von Yasuo Beppu als ein verkleinertes Abbild der Shinto-Philosophie designt. Spazieren Sie durch den Garten und erforschen Sie die grüne Oase mit ihrer unkonventionellen Kombination von japanischer Tradition und mediterranem Flair.

Der schmucke Jardin japonais im Herzen von Paris ist eine Oase der Ruhe.

Australien Der japanische Garten in Cowra (New South Wales) wurde als *kaiyu-shiki* – Wandelgarten – designt, zum Gedenken an die Kriegsgefallenen und die hier beerdigten Japaner. Der Bau wurde von der japanischen Regierung unterstützt als Dank für den respektvollen Umgang mit den Gräbern. Jedes Jahr werden Kirschblüten- sowie Girl's-Day- und Boy's-Day-Feste veranstaltet. Der Garten bietet Teezeremonien und Handwerk-Workshops an.

Traditioneller Tee

Großbritannien Für eine modernere Version der Teekultur schauen Sie bei Postcard Teas in Londons feinem Viertel Mayfair vorbei. Der Spezialist für japanische Tees gilt als Europas bester Teeladen. Kunden dürfen vor dem Kauf probieren, die Tees werden in hübscher, traditioneller Keramik serviert (auch zum Kauf). Um tiefer in die Welt des japanischen Tees einzutauchen, können Sie sich einem Teezeremonie-Club anschließen, zum Beispiel dem London Tea Club in Hackney, der laufend Treffen für Teezeremonien anbietet.

Frankreich Versteckt mitten in Paris werden Sie neben dem Museum Panthéon Bouddhique (mit toller Sammlung japanischer Kunst) einen lieblich-kleinen japanischen Garten mit einer Teehütte finden. Der schmucke Jardin japonais mit seinen üppigen Bambuswäldchen, Miniaturbächen und reizenden Trittsteinen ist eine Oase der Ruhe. Im Pavillon de Thé – von einem japanischen Meisterschreiner erbaut – finden regelmäßig Teezeremonien statt.

^ San Franciscos Teegarten ist der älteste öffentlich zugängliche japanische Garten in Nordamerika.

^ Sou Fujimoto: Futures of the Future *ist eine von vielen Ausstellungen von japanischer Kunst und Design, die im Japan House in London gezeigt wurden.*

Inspirierende Kunst

Großbritannien Zwischen British Museum, V&A und der hippen White Rainbow Gallery in Fitzrovia bietet London eine beeindruckend umfassende Auswahl japanischer Kunst. Allein das British Museum besitzt rund 430 Kunstwerke sowie archäologische und historische Artefakte.

USA Das Museum of Fine Arts in Boston soll die erlesenste Sammlung japanischer Kunst außerhalb Japans besitzen. Die frühen buddhistischen Zeichnungen und Skulpturen rufen den Neid von Japans Museen hervor, deren Sammlungen von *Ukiyo-e*-Drucken, Schwertern und *No*-Masken sind im Westen aber nicht zu toppen.

Griechenland Das Musio Asiatikis Technis auf Korfu hat eine der unerwartetsten Sammlungen japanischer Kunst der Welt. Die ersten Exponate stammen vom griechischen Botschafter in Österreich, Gregorios Manos. Im späten 19. und frühen 20. Jahrhundert ersteigerte er ca. 9500 chinesische, koreanische und japanische Artefakte auf Auktionen in Wien und Paris.

Modernes Design

Großbritannien Londons Japan House ist ein elegantes Kulturzentrum mit einem sorgfältig kuratierten Programm, das Japans regionale Handwerkskunst und raffiniertes Designgespür hervorhebt sowie die Küche und Technologie des Landes vorstellt. Es ist eines von weltweit dreien dieser Art (mit São Paulo und L.A.).

USA Im Nalata Nalata in New York City finden Sie nicht nur ein großartiges Angebot wundervoll gestalteter japanischer Gegenstände, Sie erfahren auch gleich die Geschichte dahinter. Das Shop-Konzept stammt von Stevenson Aung und Angélique Chmielewski, die auch ihre Website wunderschön gestaltet haben.

Auf die frühen buddhistischen Werke im Bostoner Museum sind selbst die Japaner neidisch.

Malaysia Das Isetan in Kuala Lumpur ist ein japanisches Kaufhaus, das sich über sechs Stockwerke erstreckt. Die avantgardistische Kubusstruktur des Baus schafft Platz für zwölf Erlebnisbereiche, die Ihnen die japanische Kultur nahebringt. Der Buchladen mit 10000 Titeln hat es in sich.

Vielseitiges Vergnügen

Großbritannien Der Campus von Royal Holloway in Egham war schon Schauplatz für zahlreiche *No*-Darbietungen auf der dafür gedachten *Handa-Noh*-Bühne. Der angesehene *No*-Mime und Professor Naohiko Umewaka organisiert Workshops und Vorführungen, um diese Kunst auch westlichen Studenten zugänglich zu machen.

USA In Columbia, Missouri, können Sie im Bunraku Bay Puppet Theater Vorführungen traditionellen japanischen Figurentheaters *(bunraku)* ansehen. Jede Art der Unterhaltung bietet Floridas Morikami Museum. Der Kalender ist ganzjährig voll mit Kursen, Workshops und Shows. Buchen Sie einen eintägigen *Koto*-(Zither-)Kurs mit Meisterinstrumentalistin Yoshiko Carlton.

Israel Japans *Otaku*-(Nerd-)Kultur hat es bis nach Jerusalem geschafft. Die Harucon Comic Convention der Stadt findet zum Purimfest statt und bietet den obligatorischen Cosplay-Wettbewerb, Filmvorschauen, Treffen mit Comicbuch-Profis und Mappeneinsicht von den besten Comicbuch- und Videospiele-Unternehmen.

⌄ Termas Geometricas: Die natürlichen heißen Quellen in Chile kommen den japanischen onsen sehr nahe.

Entspannende heiße Quellen

USA Inspiriert von japanischen Badehäusern *(sento)*, ist das Onsen in San Francisco der beste Ort der Stadt, um in heißem Badewasser neue Kräfte zu tanken. An der Ostküste in Virginia ist das Pembroke Springs Retreat von einem schönen Wald umgeben. Die beiden japanischen Bäder sind mit Quellwasser gefüllt.

Australien Nur 75 Minuten von Melbourne entfernt, bietet das Shizuka Ryokan in Hepburn Springs ein echtes japanisches Badeerlebnis. Dieser ruhige, minimalistische Ort besticht mit traditionellen *Tatami*-Matten, *Yukata*-Kimonos, *Shoji*-Schirmen und einem tollen Zen-Steingarten.

Chile Das Spa Termas Geometricas liegt in einer bewaldeten Schlucht. Wer hier inmitten der Natur ein japanisches *onsen* erleben will, trifft auf ein Wahnsinnswerk aus roten Planken, das sich durch das dichte Grün und über den Strom schlängelt.

Heilige Orte

USA Tassajara ist ein Soto-Zen-Kloster, das 1967 in Big Sur an der Westküste Kaliforniens gegründet wurde. Im Herbst und Winter finden hier Kurse statt. Im Sommer kann gegen Bezahlung die vegetarische Küche im Kloster verköstigt werden.

Frankreich Der älteste Zen-Buddhismus-Tempel Frankreichs, La Gendronnière, liegt in Valaire. Praktizieren Sie in dieser entlegenen Gemeinde mit Schülern Soto-Zen – umgeben von uralten Bäumen.

China Um nach den chinesischen Wurzeln des Zen-Buddhismus zu suchen, reisen Sie zum Song Shan, dem heiligen Berg in Henan. Hier liegt der Shaolin-Tempel, Chinas wichtigster Buddhisten-Tempel.

FACETTENREICHES JAPAN

Jenseits der typischen Reiseführerbilder von Tempeln, Burgen und neondurchfluteten Großstadtzentren gibt es in Japan weit mehr zu entdecken als das, was zuerst ins Auge sticht. Von den subtropischen Okinawa-Inseln über hügelige Agrarlandschaften bis zu den strahlend weißen Winterlandschaften auf Hokkaido im Norden des Landes besticht Japan mit einer Fülle ganz unterschiedlicher Naturschönheiten. Die Gebirgszüge, die sich durch das Land ziehen, nutzen die Japaner für die unterschiedlichsten Aktivitäten – von Wallfahrten bis zu Wintersport. Es gibt Wanderwege, heiße Quellen und Skipisten. Als Inselnation ist der Archipel mit Inselgruppen gesprenkelt, einige sind windgepeitscht und schroff wie die Oki-Inseln und die Insel Sado, andere wiederum sonnenverwöhnt und mild. Dank des vielfältigen Klimas im Land konnten sich unterschiedliche lokale Gepflogenheiten entwickeln, sodass selbst das städtische Japan nicht aus einem Guss erscheint. Inmitten der Modernität offenbart Kyoto oft Einblicke in die Vergangenheit. Die Menschen in den regionalen Zentren sind nicht nur in einer anderen Geschwindigkeit unterwegs als Japaner in der Metropole Tokyo, sie tragen auch das kulturelle Erbe mit Stolz.

Japanische Landschaften

Erleben Sie die Vielfalt Japans: Großstadttrubel in Tokyo, entschleunigtes Leben in Matsuyama und traditionelle Inselkultur in Okinawa. Wandern Sie in den Japanischen Alpen auf Pfaden, die schon seit Jahrhunderten Pilger nutzen, tauchen Sie vor den Izu-Inseln ab und entdecken Sie die ländliche Folklore des Tono-Tals in Iwate. Von Hokkaidos Eisschollen bis zu Iriomotes Mangroven: Viele Wege führen durch Japan.

^ Urbane Gelassenheit
Genießen Sie die relaxte Atmosphäre in regionalen Städten wie Matsuyama (siehe S. 45), wo lokale Traditionen auf moderne Lebensweisen treffen.

Oasen der Natur

Von den 34 Nationalparks in Japan ist der Ogasawara National Park der entlegenste – er liegt etwa 1000 Kilometer südlich von Tokyo.

^ Inselparadies
Auf den Yaeyama-Inseln in Okinawa (siehe S. 55) findet man üppigen Urwald, unberührte Strände, verschlafene Dörfer und einzigartige Tauchplätze.

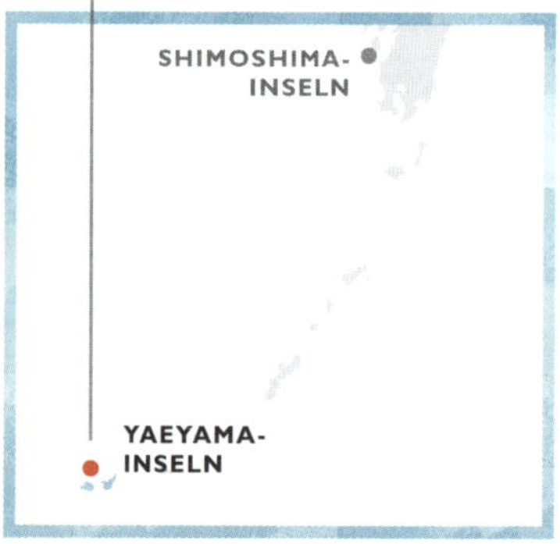

Unerschütterlicher Geist
Wiedererstarkt nach dem Atombombenabwurf von 1945, ist Hiroshima (siehe S. 44) heute eine pulsierende Metropole.

SAPPORO
NISEKO
TONO
JAPANISCHE ALPEN
TOKYO

Festival-Vergnügen
Sapporo ist eine der jüngsten Städte Japans und besticht durch eine US-ähnliche Straßenplanung (siehe S. 43). *Besuchen Sie im September das Food Festival und im Februar das jährliche Schneefestival.*

^ Wintersport
Snowboarder wie Skifahrer lieben Niseko (siehe S. 51) *für seine lange, kalte Wintersaison, die vielen Pisten und die Top-Schneequalität.*

Wanderlust
Der Fuji mag der bekannteste Berg Japans sein, beste Wanderlaune und beeindruckende Aussichten bieten jedoch die Japanischen Alpen (siehe S. 51).

^ Ländliches Idyll
Das sagenumwobene Tono gibt Einblick in traditionelles Landleben, wo Menschen noch im Einklang mit der Natur leben und uralte Traditionen bewahren (siehe S. 49). *Achten Sie auf die stadttypischen Strohdachhäuser* (magariya) *in L-Form.*

v Faszinierende Hauptstadt
Tokyo ist eine der geschäftigsten, vollsten und bebautesten Städte der Welt, allein im Zentrum leben neun Millionen Menschen. Ein Muss!

Dicht beieinander

Erhoffen Sie sich nicht zu viel Platz in Japans größten Städten. Die Populationsdichte im Zentrum Tokyos liegt bei etwa 15 000 Menschen pro Quadratkilometer.

^ Von links im Uhrzeigersinn: *Die Shibuya-Kreuzung ist einer der bekanntesten Plätze Tokyos. Yokohama ist seit Langem das Zentrum für Schifffahrt und Handel. Die Burg Osaka liegt im Herzen der Stadt.*

Kyoto

Bevölkerungsmäßig liegt Kyoto auf Platz 9 in Japan, in Bezug auf Kultur und Tourismus aber mit Tokyo gleichauf. Auf vielerlei Weise lässt sich hier das traditionelle Japan erfahren: Genießen Sie eine Teezeremonie, versuchen Sie *Zazen*-Meditation, essen Sie zu Mittag in einem *ryokan* oder besuchen Sie eine Geisha-Show.

Stadtlandschaften

Japans dynamische Metropolen

Japans pulsierende Städte vereinen die Kontraste des Landes, verbinden Tradition mit modernem Leben und bewahren gleichzeitig ihren individuellen Charakter.

Die großen Fünf

Der beste Einstieg in die Kultur Japans und eine gute Möglichkeit, ins japanische Leben einzutauchen, ist eine Reise zu den bevölkerungsreichen Städten des Landes.

Tokyo

Die dicht besiedeltste Stadt Japans ist seit 1868 Hauptstadt. Mehr als neun Millionen Menschen leben in den 23 Bezirken. In den geschäftigen Stadtteilen Shinjuku und Shibuya finden Reisende all die Neonlichter, Wolkenkratzer und Menschenmengen, die sie erwarten. Ein anderes Tokyo bieten dagegen die klassischen Gärten, historischen Tempel, ruhigen Flussufer und traditionellen Orte wie Shibamata, Yanaka und Nezu.

Yokohama

Yokohama gehört zum Großraum Tokyo und erscheint in vielerlei Hinsicht wie eine Erweiterung der Hauptstadt. Den 3,5 Millionen Bewohnern fallen aber schnell Unterschiede ein: zum Beispiel das rege Chinatown und die quirlige Buchtgegend, wo moderne Entertainmentkomplexe auf Architektur im westlichen Stil treffen, die bis auf die Mitte des 18. Jahrhunderts und das Ende von Japans Abschließung zurückgeht.

Nagoya

Gut 300 Kilometer westlich von Yokohama liegt Nagoya, das von vielen Reisenden übersehen wird. Mit 2,2 Millionen Einwohnern ist die Stadt aber ein wichtiger Wirtschaftsstandort und unter anderem der »Geburtsort« von Toyota. Mehr als ihren Geschäftssinn schätzen die Nagoyaner aber ihr Essen: Miso, *tebasaki* (pfeffrig frittierte Hähnchenflügel) und *miso katsu* (paniertes Schnitzel in Miso-Sauce) sind nur einige der lokalen Gaumenfreuden.

Osaka

Westlich von Nagoya leben die 2,7 Millionen Einwohner Osakas. Sie haben den Ruf, direkter und kontaktfreudiger als andere Japaner zu sein, was sich auch in der Stadt widerspiegelt. Im schillernden Stadtzentrum Dotonbori gibt es mehr Neonlichter und Trubel als irgendwo in Tokyo.

Sapporo

Hokkaidos Hauptstadt im Norden des Landes ist die markanteste der großen fünf Städte. Sie wurde in der zweiten Hälfte des 19. Jahrhunderts gegründet, ist also noch relativ jung. Sapporo besitzt – untypisch für Japan – ein schachbrettartiges Straßennetz, das es sehr erleichtert, die Stadt zu erkunden. Sie ist berühmt für den vielen Schnee, der sich jeden Winter auf sagenhafte sechs Meter türmen kann, mit Temperaturen von bis zu minus 15 Grad.

Im Schatten der Großstädte

Jenseits der sich ausbreitenden Metropolen wie Tokyo und Osaka bieten Japans kleinere Städte eine andere Art städtischen Alltags. Locker und weniger dicht gepackt sind sie voll von Lokalkolorit und Historie.

Hakodate

An der Südspitze Hokkaidos liegt Hakodate. Im Motomachi-Viertel und in den Hafenbezirken erinnern alte Lagerhäuser aus rotem Backstein, Kirchen und andere westliche Architektur an den frühen europäischen Einfluss auf Hokkaidos Entwicklung im späten 18. Jahrhundert. Was die Fischereiflotte der Stadt an Land bringt, kann gleich morgens auf dem Markt probiert werden: feinste Krebse, Seeigel und andere Meerestiere. Verpassen Sie nicht den allerschönsten Blick auf die Stadt bei Nacht vom 334 Meter hohen Berg Hakodate.

Kanazawa

Kanazawa ist eine Küstenstadt auf der Insel Honshu. Obwohl »Klein-Kyoto«, wie die Stadt oft genannt wird, berühmt für exquisiteste Meeresfrüchte ist und eine direkte Zugverbindung nach Tokyo, Osaka und Kyoto hat, bleiben die Massen von Touristen fern. An Bedeutung gewann es in der Edo-Zeit unter dem Maeda-Clan als Zentrum der Region Kaga. Wie Kyoto ist auch Kanazawa mit Relikten der Geschichte bunt gespickt: Das liebevoll erhaltene Higashi-Chaya-Geisha-Viertel, der Bezirk Nagamachi Samurai sowie der ruhige Kenroku-en-Garten sind nur eine Handvoll Schätze der Stadt.

Hiroshima

Ganz im Westen von Honshu liegt Hiroshima, eine der bekanntesten Städte Japans. Allerdings aus tragischem Grund: Am 6. August 1945 warf der US-Air-Force-Bomber *Enola Gay* eine Atombombe ins Herz der Stadt und tötete im Bruchteil von Sekunden Zehntausende von Menschen. Bewegende Mahnmale übersäen das moderne Hiroshima, aber überschatten es nicht. Die Stadt hat ein quirliges Nachtleben und liegt in direkter Reichweite zur Insel Miyajima, Heimat des Itsukushima-Schreins und der beeindruckenden »fließenden« Eingangstore *(torii)*.

˅ **Von links nach rechts:** *In Hakodates historischen Lagerhäusern lässt sich heute prima shoppen. Wer durch Kanazawas Straßen wandelt, fühlt sich in alte Zeiten zurückversetzt.*

Städtische Bevölkerung

Über 90 Prozent der japanischen Bevölkerung lebt in Städten.

^ **Von links im Uhrzeigersinn:**
Moderne Architektur liegt in Hiroshima neben Mahnmalen der tragischen Vergangenheit.
Matsuyamas Badehaus, Dogo Onsen Honkan, ist ein Wahrzeichen Japans.
An Festtagen geht es in Naha lebhaft zu.

Matsuyama

Matsuyama ist die größte und kosmopolitischste Stadt auf Shikoku, der kleinsten der vier Hauptinseln Japans. Sie ist ein schönes Beispiel dafür, wie sich in einer Stadt Vergangenheit und Gegenwart die Hand geben. Ihre Skyline wird von einer Burg beherrscht, und auf ihren Straßen fahren immer noch klapprig alte Trams. In Matsuyamas Therme Dogo Onsen steht eines der berühmtesten Badehäuser Japans, das knarzende Dogo Onsen Honkan. Die heiße Quelle war Schlüsselort in Natsume Sosekis Roman *Der Tor aus Tokio* und Badehausvorlage für den oscarprämierten Animationsfilm *Chihiros Reise ins Zauberland* (Studio Ghibli).

Im Gegensatz zu anderen Städten Japans versprüht Naha eine entspannte Inselatmosphäre.

Naha

In Naha auf Okinawa herrscht eine andere Atmosphäre als in anderen Städten Japans. Das liegt an den ganzjährig warmen bis heißen Temperaturen, den Palmen und den relativ wenigen Wolkenkratzern, aber auch an der Präsenz des US-Militärs und dem Einfluss des unabhängigen Königreichs Ryukyu, zu dem Okinawa bis zur Annexion durch Japan in den 1870ern gehörte. Fern der Hauptbespaßungsmeile besticht Naha durch lockere Inselstimmung und ist idealer Startpunkt zur Erkundung des atemberaubenden Okinawa-Archipels *(siehe S. 55)*.

IM FOKUS

19 000

unterschiedlich gestaltete Kanaldeckel gibt es nach Schätzung des japanischen Verbands für Schachtabdeckungen in Japan.

»Drainspotting«

Engagierte »Gully-Sucher« reisen durchs Land und posten ihre Highlights in Social-Media-Kanälen.

Handgemacht

Die Kanaldeckel werden in den örtlichen Gießereien gefertigt. Das bunte Harz wird von Hand in die Formteile gegossen.

Kanaldeckel

Kunst zu unseren Füßen

Japaner haben ein besonderes Talent, aus banalen Dingen etwas Schönes zu machen. Bestes Beispiel dafür sind simple Schachtabdeckungen. Eigentlich gestaltet, um Steuerzahlern aufwendige Entwässerungsprojekte näherzubringen, sind die bunten Kanaldeckel heute zum Ausdruck regionalen Stolzes geworden. Sie thematisieren lokaltypische Attraktionen, Tiere, Festivals, historische Events und Folklore.

So feiert Matsumoto (Präfektur Nagano) die dortige Kunstfertigkeit der *temari*. Die aus Seidengarn kompliziert handgewickelten Glückskugeln sind Geschenke der Freude und Dekoration. Kusatsu (Präfektur Gunma) hingegen zeichnet das Bild einer Frau in Tracht mit einem *Yumomi*-Holzpaddel. *Yumomi* ist eine jahrhundertealte Methode, das heiße Quellwasser der Stadt durch Rühren auf Badetemperatur abzukühlen. Zu Ehren von Japans Feuerwehrwachen sind im ganzen Land eine Reihe von bunten Kanaldeckeln mit Bildern von Feuerwehrleuten in Aktion gestaltet worden.

Mittlerweile sind diese Gullydeckel ein Social-Media-Phänomen, das mit Apps getrackt werden kann. Manhoo! etwa listet landesweit die Standorte von mehr als 3000. Im Februar 2019 fand in Tokyo ein Manhole Cover Festival statt mit Ständen für Kanaldeckel-Snacks, -Stifte, -Anstecker und -Sammelkarten: also mit allem, was »Gully-Sucher« erfreut.

< Japans bunte Kanaldeckel unterscheiden sich nicht nur je nach Region, in der sie sich befinden, das Design ist auch abhängig von der Gebrauchsart und dem Hersteller.

Ländliches Japan

Die gemächliche Art zu leben

In Japans Dörfern ticken die Uhren anders: bunte Reihen orangefarbener Kakifrüchte, die draußen an den Häusern zum Trocknen hängen, der gelegentliche Geruch von offenem Feuer, überflutete Reisfelder zwischen den Häusern und die Art, wie die Dunkelheit nachts alles zudeckt – unter einem Himmel voller funkelnder Sterne.

Hier richtet sich das Leben nach den wechselnden Jahreszeiten und der Bestellung der Felder.

Die Welt dreht sich hier langsamer als im städtischen Japan, das Leben richtet sich nach den wechselnden Jahreszeiten und der Bestellung der Felder.

Atemberaubende Aussichten

Nur zwölf Prozent des gebirgigen Landes sind Agrarfläche – eine unbedeutende Menge verglichen mit anderen wichtigen Volkswirtschaften. Da es kaum Platz für den Anbau gibt, produziert Japan weniger als die Hälfte seines Bedarfs. Während in Hokkaido hügelige Felder und weites Flachland zu finden sind, nehmen die Ackerflä-

‹ **Von links nach rechts:** *Shirakawago ist berühmt für seine einzigartigen Strohdachhäuser. Im Herbst bestimmen orangefarbene Kakifrüchte das Landschaftsbild im dörflichen Japan.*

Mitmachen

Das ländliche Japan kann man nicht nur als Tourist besuchen. Wer Land und Leute besser kennenlernen will, verbindet die Reise mit einem Job. Die Organisation WWOOF (World-Wide Opportunities on Organic Farms) hat Hunderte von Höfen in ganz Japan gelistet, auf denen Urlauber kurz- bis mittelfristige Joberfahrungen sammeln können.

chen in vielen anderen Teilen des ländlichen Japan Formen an, die sich der Natur anpassen: So wie die Hauptanbaugebiete für Tee in Shizuoka und Kyoto. Dort wachsen die grünen Teesträucher fotogen an abgestuften Berghängen – mit dem Auto schlecht zu erreichen, wegen des herrlichen Anblicks aber die Mühe wert.

Am Fuß des heiligen Bergs Haku liegt das Dorf Shirakawago (Präfektur Gifu), das viele für das idyllischste Dörfchen Japans halten. Die steilen Strohdächer der *Gassho-zukuri*-Bauernhäuser – im Sommer umhüllt vom Grün der Reisfelder, im Winter schneebedeckt – verdanken ihren Namen der Form gefalteter Hände beim Gebet.

Teefelder folgen den Konturen der hügeligen Gegend auf dem Land.

Abseits der Touristenpfade

Im Tono-Tal scheint die Zeit stehen geblieben zu sein. Reisfelder und bäuerliche Betriebe übersäen die Landschaft. Lokales Brauchtum mit Geschichten wie der von Kappa – einem Teichbewohner mit einer Vorliebe für Gurken und dem bösen Verlangen, Menschen zu ertränken – sorgt für einen Hauch von Mystik. Noch idyllischer zeigt sich das Iya-Tal (Präfektur Tokushima) mit Flussschluchten, bewaldeten Berghängen und Strohdachhäusern, Hängebrücken und heißen Quellen.

Japans Berge

Gipfel für innere Einkehr und Alpinspaß

Japans Landmasse besteht zu mehr als 70 Prozent aus Gebirge, weshalb die Gipfel des Landes einen besonderen Platz in Japans Kultur, Spiritualität und Leben einnehmen. Wer hier Zeit verbringt, blickt nicht nur auf die spektakulärsten Szenerien des Landes, sondern hat auch die Gelegenheit, in alte wie in neue Traditionen des Landes einzutauchen.

Die drei heiligen Berge

Wegen ihrer Naturgewalt (die ihnen eine enge Verbindung zu den Göttern gibt) gelten diese drei japanischen Berge gemeinhin als heiliger als alle anderen. Zu dem als *sanreizan* bekannten Trio zählt der schlummernde Vulkan Fuji westlich von Tokyo *(siehe S. 52f)*. Zweiter im Bunde ist der 2700 Meter hohe Berg Haku an der Grenze der Präfekturen Ishikawa, Gifu und Fukui, gepriesen für die Schmelzwasserseen zu seinen Füßen – obwohl heute eher geschätzt als Wintersportdestination. Und schließlich ist da noch der 3015-Meter-Berg Tate in der Präfektur Toyama, der mit natürlichen heißen Quellen und Schwefelquellen übersät ist. Hier sollen sich die Geister der Verstorbenen versammeln. Seit Jahrhunderten erklimmen Pilger ihre Gipfel auf der Suche nach spiritueller Erleuchtung und starteten so eine Bergsteigertradition in Japan, die bis heute anhält.

⌄ Die Japanischen Alpen wurden wegen ihrer Ähnlichkeit nach dem höchsten Gebirge in Europa benannt.

Pionierleistung der Bergsteiger

Japans Bergsteigertradition ist eine der ältesten der Welt und geht bis ins 9. Jahrhundert zurück.

Japans Alpen

Pilger und Mönche entdeckten zahlreiche von Japans Top-Wanderrouten, und es gibt keine beliebteren als jene in den Japanischen Alpen, die in drei Gebirgszüge unterteilt werden. Die Nordalpen umfassen das Hida-Gebirge und ziehen sich knapp über 100 Kilometer durch die Präfekturen Gifu, Nagano und Toyama. Sie schließen den 2999 Meter hohen Berg Tsurugi ein, der als gefährlichster Aufstieg Japans gilt. Das Kiso-Gebirge in Nagano und Gifu bildet die Zentralalpen. In ihren Tälern befinden sich einige der am besten erhaltenen Dörfer Japans – historische Zwischenstopps auf der alten Nakasendo-Fernstraße, wie etwa der Ort Tsumango. In den Südalpen erstreckt sich das Akaishi-Gebirge an der Grenze der Präfekturen Nagano, Yamanashi und Shizuoka. Hier thronen zehn der 100 Top-Berge Japans. Sie sind ein guter Ort, um Japanische Seraue (Ziegenantilope), Sikahirsche oder Vögel wie das Alpenschneehuhn und den Tannenhäher zu beobachten.

Auf die Piste gehen

Im frühen 19. Jahrhundert führte der österreichische Major Theodor von Lerch in Japan das Skifahren ein. Seines gedenkt das Maskottchen der Präfektur Niigata, der schnauzbärtige Lerch-san. Heute noch bietet Niigata mit Yuzawa und Naeba großartige Ski- und Snowboardgebiete. Wie auch das benachbarte Nagano, wo 1998 Hakuba die Olympischen Winterspiele ausrichtete. Übertrumpft werden sie von Niseko in Hokkaido, das zu einem Top-Wintersportort Japans avanciert ist – dank Pulverschnee und Routen für Skitourengeher.

Die Top 100

In den 1960ern veröffentlichte Kyuya Fukada *Japans 100 berühmteste Berge*, für das der Schriftsteller und Bergsteiger jeden Gipfel nach Anmut, Historie und Einzigartigkeit einstufte. Das Werk ist so etwas wie die Bibel für japanische Bergsteiger und umfasst Gipfel im ganzen Land – die 100 Berge, die jeder von ihnen erklimmen will.

^ Von links nach rechts: *In den Japanischen Alpen lebt unter anderem das Alpenschneehuhn. Niseko ist Japans führendes Anlaufziel für Wintersport.*

Der Fuji

Japans symbolträchtige Spitze

Als Japans größter und heiligster Berg mit einer fast symmetrischen, die Landschaft beherrschenden Form ist der 3776 Meter hohe Fuji Sinnbild Japans und eine Inspirationsquelle für Künstler und Schriftsteller. Der Holzschnittmeister Katsushika Hokusai hielt den Berg in seiner berühmten Serie *36 Ansichten des Berges Fuji* fest, zu der auch eines der meistreproduzierten Werke der Geschichte gehört: *Große Welle vor Kanagawa*. Der erste Mensch auf dem Fuji soll um 600 ein Mönch gewesen sein. Dank seiner gigantischen Größe, der vulkanischen Macht, der Geschichten über seine Gottheiten sowie der spartanischen Gegebenheiten, die Klima und Terrain mit sich bringen *(siehe S. 216f)*, wird er seit jeher als einer der drei heiligsten Berge Japans *(siehe S. 50)* verehrt.

^ Der Okinawa-Archipel besteht aus 160 kleinen Inseln.

Inselreichtum

Von windumtost bis subtropisch

Mit insgesamt fast 7000 großen und kleinen, bewohnten und menschenleeren Inseln ist Japan zweifelsfrei ein Inselstaat. Das als japanisches Festland bekannte Gebiet sind eigentlich fünf große Inseln: Honshu, Hokkaido, Kyushu, Shikoku und Okinawa. Um diese herum liegen kleine Inselgruppen wie die Oki-, Izu-, Ogasawara- und Yaeyama-Inseln. Ein Abstecher zu den abgelegeneren Gefilden lässt Sie tief in Japans Seele blicken.

Inseln der Verbannung

Nördlich aufs Japanische Meer geschaut, liegen die Insel Sado vor der Küste Niigata und die vier Oki-Inseln vor Shimane. Die schroffen und windumtosten Inseln waren einst Orte der Verbannung: Auf Sado lebte in den 1270er Jahren der berühmte Priester Nichiren im Exil, auf Oki starb 1239 der verbannte Kaiser Go-Toba. Kaum ein Besucher achtet auf die schönen, wenig besuchten Ausflugsorte, deren Mittelpunkt die Fischerei und der Ackerbau sind. Sado veranstaltet alljährlich das Musikfest »Festlichkeiten der Erde«. Entspanntes Inselleben inmitten überwältigender Natur bieten die Oki-Inseln – ein Patchwork aus felsiger Küste, herrlichen Stränden und Bergland, in dem Kühe und Pferde grasen.

Von Tokyo auf die Inseln

Super zu bereisen sind die Izu-Inseln. Sie liegen direkt vor Tokyos Südküste und gehören administrativ zur Hauptstadt. Die

< Die Insel Sado war einst Heimat der Verbannten.

größte von ihnen ist Oshima, in deren Zentrum der Vulkan Mihara thront. Sie ist mit dem Tragflügelboot eindreiviertel Stunden von Tokyos Bucht entfernt und besonders schön zum Frühlingsanfang, wenn die Kamelien blühen. Zur Inselkette gehören das Surfermekka Niijima und Miyake-jima, die – eine Nachtfähre entfernt – Wanderer, Taucher und Thermalbadfans lockt.

Sonnenreiche Rückzugsorte

Die 30 kleinen Ogasawa-Inseln (formal in der Präfektur Tokyo) 1000 Kilometer südlich von Japans Festland sind definitiv die 24-Stunden-Fährfahrt wert. Sie wurden 2011 von der UNESCO für ihre Naturschönheit und Vielfältigkeit zum Weltnaturerbe erhoben. Hier findet man Korallenriffe, heimische Tiere sowie seltene Flora und Fauna. Ähnlich atemberaubend sind die Okinawa-Inseln, insbesondere die subtropischen Yaeyamas mit ihrer enormen Vielfältigkeit. Zu den Highlights gehören die alten Dörfer auf Taketomi mit ihren Wasserbüffeltaxen, der Dschungel, Iriomotes Mangrovenhaine sowie unberührte Strände und die Tauchgebiete von Ishigaki.

^ *Zur Tierwelt vor den Ogasawara-Inseln gehören Indopazifische Große Tümmler.*

Themeninseln

Vergessen Sie Themenrestaurants, Japan hat Themeninseln! Naoshima (Präfektur Kagawa) und einige andere kleinere Inseln zwischen Shikoku und Honshu sind berühmt für ihre Gegenwartskunst. Okunoshima (Präfektur Hiroshima) ist voll von reizenden Wildkaninchen, und Aoshima in Ehime ist die bekannteste von Japans etwa zwölf »Katzeninseln«.

ZEITLOSES JAPAN

Die Liebe zum Detail, die Wertschätzung für die Fehlerhaftigkeit und Vergänglichkeit des Lebens *(Wabi-Sabi)* sowie die Naturverbundenheit spiegeln sich in der außergewöhnlichen Kunstfertigkeit und den kulturellen Traditionen Japans wider. Shinto, die indigene Religion des Landes, ist im Grunde ein Naturkult, der die Menschen etwa dazu inspiriert, schöne Gärten und Bonsais zu gestalten. Die Einführung des Buddhismus im 6. Jahrhundert spielte eine enorme Rolle in der Entwicklung von Japans Kunst und Ästhetik – von der Tempelarchitektur über Bildhauerei bis hin zur Lackkunst. Die buddhistische Philosophie und speziell die präzisen Rituale der Teezeremonie *(siehe S. 198f)* hatten großen Einfluss auf die Kunst des Blumenarrangierens, der Kalligrafie, der Keramik und der Landschaftsarchitektur. Über die Jahrhunderte hinweg haben die Kunsthandwerker ihr Können verfeinert, ihre Techniken perfektioniert und ihr Wissen über Generationen weitergegeben. Japan hält seine Künstler für ein so wichtiges Kulturgut, dass das Land die besten von ihnen offiziell als lebende Nationalschätze würdigt.

Kulturelles Erbe

Japans kulturelles Erbe ist so im Alltag verwoben, dass auch Reisende es gar nicht übersehen können. Tempel und Schreine sind Herz und Seele in jeder Gemeinde und die Gärten ein fester Bestandteil in Japans Künsten. Im ganzen Land werden Sie dekorativer Kunst begegnen – in Galerien, die örtliches Kunsthandwerk verkaufen, oder im weltbekannten Nationalmuseum in Tokyo.

^ Gärten als Kunstform
Es gibt wohl keine schönere Verbindung von Kunst und Gartenbau als im Adachi-Kunstmuseum in Yasugi, wo klug platzierte Fenster die Landschaften einrahmen wie Kunstwerke (siehe S. 78f).

Bescheiden bleiben

Die Eingänge zu den traditionellen Teehäusern sind so klein, dass die Gäste als ein Zeichen der Demut geduckt oder krabbelnd eintreten müssen.

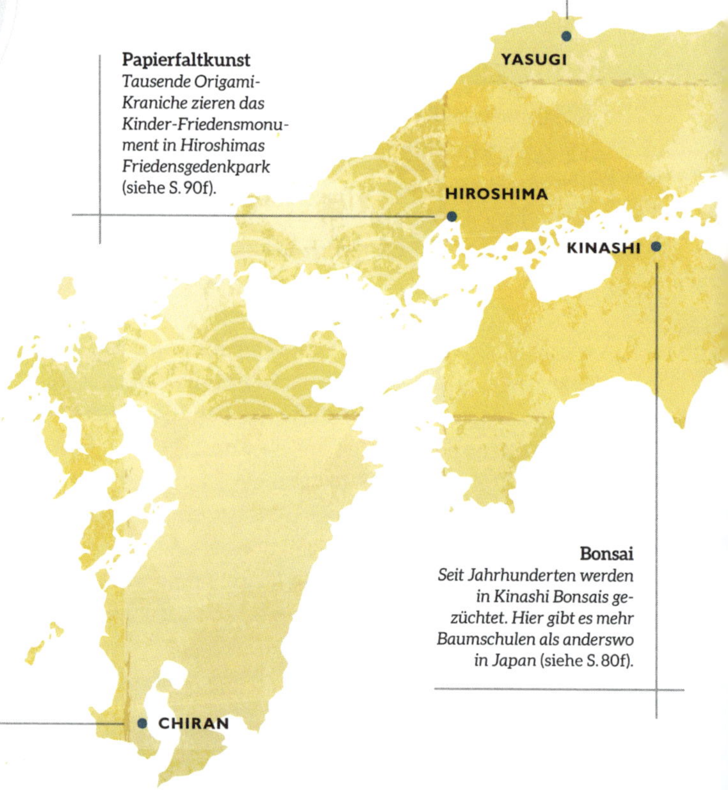

Papierfaltkunst
Tausende Origami-Kraniche zieren das Kinder-Friedensmonument in Hiroshimas Friedensgedenkpark (siehe S. 90f).

^ Samurai-Häuser
Hinter den Steinmauern von Chirans Samurai-Viertel gibt es sieben wunderschön erhaltene, historische Häuser zu entdecken (siehe S. 76f). *Sehen Sie sich die Gebäude näher an, wenn Sie durch die herrlichen Gärten spazieren.*

Bonsai
Seit Jahrhunderten werden in Kinashi Bonsais gezüchtet. Hier gibt es mehr Baumschulen als anderswo in Japan (siehe S. 80f).

Heilige Schreine
Fushimi Inari-Taisha wurde 711 in Kyoto erbaut. Er ist der Hauptschrein von etwa 30 000 Inari-Schreinen in ganz Japan. Beachten Sie auch die steinernen Füchse, die als Gottesboten gelten (siehe S. 60 – 63).

HIRAIZUMI

Buddhistisches Paradies
Hiraizumis Goldene Halle und der Paradiesgarten gehören zu einem im 12. Jahrhundert gebauten Tempel, der errichtet wurde, um ein irdisches Paradies zu schaffen (siehe S. 64f).

Göttliche Boten

Im Nara-Park leben zahme, frei laufende Hirsche. Sie werden als Boten der Shinto-Götter verehrt.

SAITAMA

Lebende Skulpturen
Das Omiya Bonsai Art Museum in Saitama zeigt Hunderte von Bäumen im Mini-Format (siehe S. 80f).

TOKYO

NAGOYA

KYOTO

Meister des *ukiyo-e*
Katsushika Hokusai (1760 –1849) ist einer der bekanntesten Künstler Japans. Sein Œuvre soll aus etwa 30 000 Werken bestehen. Eine Auswahl seines Schaffens zeigt das Hokusai-Museum Sumida in Tokyo (siehe S. 84f).

Shinto-Schatz
Der Shinto-Schrein Atsuta Jingu in Nagoya birgt sakrale Schätze (siehe S. 63).

Unter einem Dach

Das Nationalmuseum Tokyo beherbergt die weltweit größte Sammlung japanischer Kunst und Handwerkskunst.

Shinto

Der Weg der Götter

^ Das torii (Tor) des Itsukushima-Schreins (Insel Miyajima) ist eine der drei malerischsten Ansichten Japans.

Göttlichkeit ist laut Shinto (Weg der Götter) in allen Aspekten der Natur zu finden. Die älteste Religion Japans besitzt weder Gründer noch eine Heilige Schrift. Ihre Philosophie konzentriert sich auf ein Leben in Harmonie und gegenseitiger Rücksichtnahme. Alle Dinge in der Natur, seien sie lebendig, tot oder leblos, werden von den Gottheiten, den *kami*, gelenkt – so der Kerngedanke. Es existieren geringere und bedeutendere *kami*, und zwar überall: in Steinen und Bäumen, in Wind und Wellen sowie sogar in Krankheiten. Heimat der *kami* sind die heiligen Schreine *(jinja)*, wo die Menschen ihnen Ehre erweisen. Jeder Schrein ist einem bestimmten *kami* gewidmet. Inari-Schreine, wie der Fushimi Inari-Taisha in Kyoto, sind dem Gott für Wohlstand (symbolisiert durch Reis) und Schutz gewidmet und leicht erkennbar an ihren Fuchsstatuen, die als Götterboten gelten. Bekannt ist auch der *kami* Hachiman, Gott für Krieg und Bogenschießen, dessen berühmtester Schrein der Tsurugaoka-Hachiman-gu in Kamakura ist.

Gebet und Gleichgewicht

Obwohl in Schreinen zu bestimmten Zeiten im Jahr Reinigungszeremonien und andere Rituale stattfinden, sind sie sonst zwanglose Orte, an denen Menschen beten oder Opfer darbieten. Shintos Hauptgewicht auf Harmonie ist auch der Grund für die hohe Toleranz anderen Religionen gegenüber. Und weil viele Japaner beiden Bräuchen nachgehen, sind Shinto-Schreine auch in buddhistischen Tempeln zu finden. Viele Facetten japanischen Lebens – inklusive der Reinlichkeit und der asketischen Ästhetik – sind in den Shinto-Praktiken begründet. Und die tiefe Affinität zur Natur spiegelt sich in dem Konzept von *Wabi-Sabi* *(siehe S. 72)* wider, das die Schönheit in der natürlichen Unvollkommenheit sieht.

> Die Haupthalle ist das Heiligste an einem Schrein. Hier der Ueno Tosho-gu in Tokyo.

Wie neu

Japans antike Shinto-Schreine sehen oft wie neu aus. Kein Wunder, werden sie doch zur Reinigung des Bodens alle 20 Jahre neu aufgebaut.

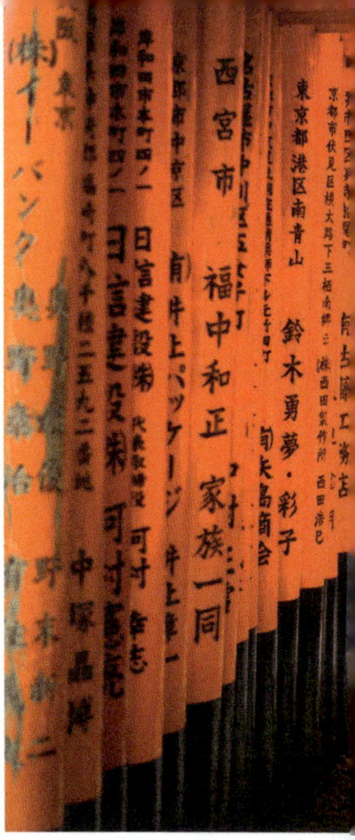

^ Von links nach rechts:
Das torii von Meiji Jingu ist aus 1500 Jahre altem Zypressenholz aus Taiwan.
Tausende der zinnoberroten torii säumen den vier Kilometer langen Pfad zum Schrein Fushimi Inari-Taisha.
Die einmaligen Meoto-Iwa (»verheiratete Felsen«) am Futamigaura-Strand symbolisieren die Ehe.

Besuch eines Schreins

Ein Besuch von einem der 80 000 Schreine Japans ist wie das Betreten einer Oase vollkommener Ruhe, in der sich die Verbindung zwischen natürlicher und spiritueller Welt förmlich fühlen lässt. Um an diesen geweihten Ort zu gelangen, muss zuerst das *torii* passiert werden – ein zinnoberrotes Tor, das die Grenze zwischen der profanen und sakralen Welt symbolisiert. Die meisten Schreine besitzen nur ein *torii*, einige aber haben ganze Alleen aus Tausenden von ihnen, so etwa Kyotos Fushimi Inari-Taisha. Beim Betreten des Areals achten Sie auf die verheißungsvollen Tierstatuen und die *shimenawa* (dekorative Taue aus Reisstroh oder Hanf über den Eingängen), die den Schrein vor dem Bösen und vor Krankheit schützen.

Bevor Sie tiefer in den Schrein gehen, waschen Sie sich als Zeichen der Reinigung die Hände am steinernen Wasserbecken in der Nähe des Eingangs. Von dort führt ein *sando* (Pfad) aus Stein zur *haiden* (Opferhalle) und zum *honden* (Hauptschrein), wo der *kami* des Schreins wohnt. Nur der *haiden* ist allgemein zugänglich, den *honden* dürfen nur Priester betreten. Machen Sie den *kami* auf sich aufmerksam, indem Sie vor dem Gebet eine Glocke läuten und in die Hände klatschen. Es gehört außerdem zum guten Ton, eine Münze in die Holzkiste vor dem Schrein zu werfen – fünf und 50 Yen (die Münzen mit dem Loch) sind eine gute Wahl.

Der kami soll auf Sie aufmerksam werden? Glocke läuten und in die Hände klatschen.

Japans heiligste Schreine

Nahezu jede Gemeinde hat einen Shinto-Schrein, aber die folgenden nehmen in der Shinto-Welt eine Sonderstellung ein.

Ise Jingu Japans heiligster Shinto-Schrein in der Küstenstadt Ise (Präfektur Mie) ist zweigeteilt: das äußere Geku und das bedeutungsvollere innere Naiku. Der Legende nach wird hier der Spiegel Yata no Kagami verwahrt, der die Sonnengöttin und Ahnherrin der japanischen Kaiserfamilie Amaterasu symbolisiert.

»Verheiratete Felsen«

In der Shinto-Mythologie repräsentieren diese Felsen bei Futami (Ise) die Verbindung der zentralen Gottheiten.

Izumo-Taisha Der zweitwichtigste Schrein liegt in Izumo (Präfektur Shimane). Er ist dem Gott für glückliche Ehen, Okuninushi-no-Mikoto, gewidmet und bei Paaren sehr beliebt. Hier sollen sich jedes Jahr im November Millionen von *kami* treffen, um über die Ereignisse des Jahres zu sprechen.

Atsuta Jingu Der Schrein in Nagoya (Präfektur Aichi) wurde vor ca. 1900 Jahren zur Aufbewahrung des legendären Schwerts, eines der drei Throninsignien, errichtet.

Meiji Jingu Tokyos wichtigster Schrein wurde 1920 zu Ehren von Kaiser Meiji und seiner Frau Shoken erbaut. Das große, schlichte Gebäude ist von 120 000 Bäumen 365 verschiedener Spezies umrahmt. Das zwölf Meter hohe *torii* ist das größte Japans.

Itsukushima Jinja Auf Miyajima (Präfektur Hiroshima) steht Japans einprägsamster Schrein. Wegen der tief liegenden Hallen, die auf pierähnlichen Sockeln ruhen, und des markanten zinnoberroten *torii*, das aus der Bucht herausragt, scheint es, als treibe der Schrein im Wasser.

Tosho-gu Der Schrein in Nikko (Präfektur Tochigi), in dem die sterblichen Überreste des Shoguns Tokugawa Ieyasu verwahrt werden, bricht mit der schlichten Shinto-Architektur. Glänzendes Highlight ist das kunstvoll mit Schnitzereien, viel Gold und bunten Farben verzierte Yomei-mon-Tor.

‹ Die Fuchsfigur Kitsune ist ein Bote des kami.

Die drei heiligen Schätze Japans

Es wird erzählt, dass Japans Throninsignien – der Spiegel Yata no Kagami (aufbewahrt im Shinto-Schrein Ise Jingu, Ise), das Krummjuwel Yasakani no Magatama (Kaiserpalast, Tokyo) und das Schwert Kusanagi no Tsurugi (Atsuta Jingu, Nagoya) – von der Gottheit Ninigi-no-Mikoto, einem Vorfahren aller Kaiser Japans, auf die Erde gebracht wurden. Da diese Insignien noch nie öffentlich gezeigt wurden, weiß man nur sehr wenig über sie.

Stoßfest

Stoßdämpfer im Sockel schützen den Großen Buddha *(Daibutsu)* in Kamakura bei einem Erdbeben.

< Von links im Uhrzeigersinn:
Der Große Buddha in Kamakura (Präfektur Kanagawa) wurde 1252 gegossen.
Buddhistische Mönche tragen oft schwarze Roben.
Kyotos Kinkaku-ji ist einer von Japans bekanntesten Zen-Tempeln.

Buddhismus

Einfach und gelassen

Der Buddhismus entwickelte sich in Japan als Ergänzung zur heimischen Shinto-Religion. Seine Glaubenslehre und Moral durchzieht das moderne japanische Leben – vor allem die geistige Kontrolle, wie sie im Zen-Buddhismus zu finden ist. Der aus Indien stammende Buddhismus erreichte Japan im 6. Jahrhundert v. Chr. über China und Korea. Mittlerweile gibt es im Land Hunderte verschiedener buddhistischer Sekten und Strömungen, von denen einige den Ur-Glauben Shinto integrieren *(siehe S. 60–63)*. Entgegengesetzte Überzeugungen beriefen sich dabei auf verschiedene Adelsfamilien, Samurai und einfache Bürger, die Glaubenspraktiken für ihre Zwecke zuschnitten. Eine der bekanntesten Schulen ist Zen mit ihren wesentlichen Elementen *zazen* (Sitzmeditation) und Selbsthilfe. Die ästhetische Schlichtheit und die Rückbesinnung des Lebens auf das Wesentliche haben einen tiefen Einfluss auf Japans Kunst und Kultur – angefangen von philosophischen Konzepten wie *Wabi-Sabi* und *Mono no aware (siehe S. 72)* über Gartendesign *(siehe S. 78f)* bis hin zu Ritualen wie der Teezeremonie *(siehe S. 198f)*. Andere wichtige Strömungen sind Shingon mit Hindu-Elementen wie Handzeichen *(mudra)* und Mantras, Tendai mit ihrer bedingungslosen Hingabe sowie der Shingon-Ableger Shugendo mit Shinto-Glaubenselementen.

Persönlicher Glaube

Mindestens ein Drittel der japanischen Bevölkerung sind bekennende Buddhisten, und noch mehr besuchen buddhistische Tempel zu Festlichkeiten oder Zeremonien. Es gibt kaum feste Gebetszeiten, und so besuchen die meisten Anhänger die Tempel, wann sie möchten. Viele Japaner haben einen kleinen Buddha-Altar zu Hause, andere tragen kleine, gesegnete Glücksamulette bei sich *(siehe S. 69)*.

Besuch im buddhistischen Tempel

Ein Besuch in einem Tempel entführt Sie von der irdischen in die Welt des Buddhas. Zuerst gehen Sie durch ein eindrucksvolles Haupttor. Zu beiden Seiten dieses *sanmon* werden – in Nischen oder auf Holztoren – zwei Statuen von furchterregenden Nio-Wächtern auf Sie schauen, die den Tempel vor bösen Geistern schützen. Auf dem Gelände liegt dann der Fokus auf der Haupthalle Hondo, in der das Hauptbild des Buddhas sowie ein Opfergabentisch stehen. Manche Tempel verehren andere erleuchtete Figuren wie Kannon, die Göttin des Mitgefühls. Gebetet wird in stiller Andacht kniend vor dem Altar.

Pagoden

Einige Tempelkomplexe besitzen Pagoden – chinesische Versionen der indischen Stupas –, in denen die Überreste Buddhas bewahrt werden. Allerdings besitzen nur wenige japanische Pagoden eine Reliquienschreinfunktion. Viele sind fünfstöckig und thematisieren so die fünf Elemente: Erde, Wasser, Feuer, Wind und Himmel.

Jizo-Statuen

Typisch für Tempelanlagen sind auch die rot belatzten Jizo-Statuen. Jizo ist der Schutzgott für Kinder und ungeborene Babys. Er hilft verstorbenen Kindern, in die nächste Welt zu treten. Als Teil der Trauerarbeit hängen die hinterbliebenen Eltern den Statuen oft rote Lätzchen und Babykleidung um, andere opfern die Sachen als Dank für die Rettung ihrer Kinder.

Japans angesehenste Tempel

Japan ist voll von buddhistischen Tempeln. Hier sind die eindrucksvollsten:

Senso-ji Im Herzen von Tokyos Stadtteil Asakusa wurde der ehrwürdige buddhistische Tempel im Jahr 645 zur Aufbewahrung einer kleinen Kannon-Goldstatue errichtet, die wohl einst zwei Fischer in ihrem Netz fanden. Dieser extrem stimmungsvolle Ort ist stets von Besuchern belagert.

Zwei Furcht einflößende Nio-Krieger schützen den Tempel vor bösen Geistern.

^ Von links nach rechts: *Die typische Pilgerkleidung in buddhistischen Tempeln ist weiß. Statuen vom Schutzgott Jizo zeigen ihn oft mit einem Pilgerstab in der einen Hand und einem Wunschjuwel in der anderen.*

Kotoku-in Die Küstenstadt Kamakura (Präfektur Kanagawa) ist mit Tempeln übersät. In dem bekanntesten, Kotoku-in, begegnen Sie einem elf Meter großen *Daibutsu*. Diese gigantische Bronzestatue Buddhas hat schon Taifune, Tsunamis sowie das Große Kanto-Erdbeben von 1923 mit Gelassenheit überstanden.
Kinkaku-ji Dieser kultige Zen-Tempel in Kyoto geht auf das 14. Jahrhundert zurück. Das Herzstück dieser als besonders nationalhistorisch ausgewiesenen Stätte ist der glanzvolle, goldverkleidete Pavillon, der am Rand eines großen Sees steht.
Kiyomizu-dera Der Tempel aus dem 8. Jahrhundert ist berühmt für seine weite Holzterrasse, die als Bühne für sakrale Tänze gebaut wurde. Der Komplex mit Blick auf Kyoto beherbergt einen kleinen Schrein zu Ehren von Okuninushi, dem Shinto-Gott der Liebe. Vor dem Schrein stehen im Abstand von zehn Metern zwei Steine. Laut einer Legende finden diejenigen die wahre Liebe, die es schaffen, mit geschlossenen Augen von einem Stein zum anderen zu gehen.
Todai-ji Die Halle des Großen Buddha in der Stadt Nara (Präfektur Nara) ist wohl das größte Holzgebäude der Welt. Es wurde über die Jahrhunderte hinweg häufig wieder neu aufgebaut, immer aber beherbergte es die riesige, 16 Meter große Bronzestatue Buddhas in Lotussitzhaltung.
Kosan-ji Ein einheimischer Industrieller erschuf diesen bunten Tempel auf der Insel Ikuchi-jima (Präfektur Hiroshima) zu Ehren seiner Mutter. Der Bau begann 1936 und dauerte 30 Jahre. In dieser Zeit entstanden in der Anlage kleinere Nachbildungen von berühmten Tempeln Japans. Hier thront auch eine riesige Statue von Kannon, der Göttin des Mitgefühls.

› Es heißt, dass ein Besuch der Pagode von Kiyomizu-dera eine leichte und sichere Geburt beschert.

Gemischtes Los

Omikuji kommen in verschiedenen Graden von Glück daher – von *Dai-kichi* (Großes Glück) bis *Dai-kyo* (Großes Pech).

Lokale Designs

Ema in Fuchsform sind in Inari-Schreinen sehr beliebt wegen des Verweises auf den Fuchsboten des *kami*, Kitsune.

Verfallsdatum

Die Kraft der *omamori* erlischt für gewöhnlich nach einem Jahr. Dann sollen sie im Heiligen Feuer verbrannt werden.

Fortuna und ihre Anhänger

Ein kleines Stückchen Glück

Jeder, der etwas Extra-Glück von den Göttern braucht, kann es in Shinto-Schreinen und buddhistischen Tempeln kaufen: Talismane und Weissagungen. Die auffälligsten Glücksbringer sind die kleinen bunten Seidenbeutel *omamori*, in denen ein gesegnetes Gebet steckt. Ob Gesundheit, Wohlstand, gute Prüfungsergebnisse oder unfallfreies Fahren – für jede Situation gibt es die passenden Talismane. Sie können prominent platziert oder direkt am Körper getragen werden, niemals aber darf man sie öffnen. Wer den Spruch liest, hat sein Glück verwirkt. Auch *ema* sind beliebt. Die Votivtäfelchen aus Holz werden mit einem Gebet oder einer Bitte beschrieben und im Tempel oder Schrein aufgehängt. Und zwar so, dass der *kami* (Gottheit) dies sieht und den Wunsch – hoffentlich – wahr werden lässt. Meist sind sie mit prächtigen Bildern von verheißungsvollen Tieren und Volksgöttern des Schreins bedruckt.

Für alle, die direkt Einfluss auf ihr Schicksal nehmen möchten, gibt es *omikuji* (Lotterie-Orakel). Für gewöhnlich wird hierbei ein beliebiger Stab aus einem Bündel gezogen. Entsprechend der Stabnummer erhält man die aufgedruckte Wahrsagung. Alternativ kommen die Voraussagen sogar aus Automaten. Aber nicht alle Lose sind gut. Sollte Ihr *omikuji* negativ sein, hängen Sie es an eine Kiefer oder an aufgestellte Stöcke in der Nähe des Schreins. So kann Ihnen das Unheil nicht folgen.

< Von links oben im Uhrzeigersinn: *Ein* omikuji. Omamori *zum Verkauf. Schubladen voll mit* omikuji. Omamori *stecken in knallbunten Beuteln.* Ema-*Tafeln im Rokuharamitsu-ji, Kyoto.* Ema-*Tafeln in Form von Fuchsköpfen.*

Fukurokuju

Benzaiten

Bishamonten

Sieben Glücksgötter

Fortunas Volksgottheiten

Während man Kindern im Westen Märchen erzählt, werden Japaner von klein auf von einer Gruppe grotesker alter Volksgötter und Fabelwesen begleitet. Zu den beliebtesten von ihnen zählen die sieben Glücksgötter Shichi Fukujin.

Diese sieben vereinen shintoistischen und buddhistischen Glauben und sind ebenso in hinduistischen wie taoistischen Traditionen verwurzelt. Skulpturen und Malereien von ihnen sind überall in Japan in Tempeln und Schreinen zu sehen. Aber sie tauchen auch als Glücksbringer in Kneipen, Restaurants und Läden auf. Ein Bild der Shichi Fukujin, das traditionell in der Silvesternacht unters Kopfkissen gelegt wird, soll Glück für das kommende Jahr bringen.

Die Shichi Fukujin

Die Gruppe der sieben schillernden Charaktere mit jeweils ganz eigenen Kräften und Eigenschaften reist gemeinsam in ihrem mythischen Schatzschiff *Takarabune*.

Fukurokuju Der Schutzpatron der Schachspieler und Gott der Weisheit, des Glücks, der Freude und des langen Lebens wird oft von Tieren begleitet, die für ein langes Leben stehen wie Schildkröte, Krähe oder Hirsch. Sein Kopf ist so lang wie sein Körper, und er hält einen Stock und eine Schriftrolle.

Benzaiten Als einzige Göttin unter den sieben ist Benzaiten eine bildschöne, kunstvolle Gottheit. Sie ist die Beschützerin der Kreativen wie Künstler, Autoren und Geishas. Sie hält eine *biwa* (eine Art Laute) und hat eine weiße Schlange als Haustier.

Bishamonten Er ist der Kriegsgott und Schutzpatron der Krieger. Als Zeichen für seine Rolle als Wächter der Heiligen Stätten ist er in Rüstung gekleidet und mit Pagode und Speer ausgestattet.

Daikokuten

Ebisu

Hotei

Jurojin

Die Shichi Fukujin sind eine zusammengewürfelte Gruppe farbenfroher Charaktere.

Daikokuten Der lachende, kurzbeinige Gott des Handels trägt einen Hut auf dem Kopf und einen Beutesack über der Schulter. Der Schutzpatron der Banker, Köche und Bauern wird als Daikokunyo auch in der weiblichen Form dargestellt.

Ebisu Der Gott des Reichtums und Wohlstands ist der einzig reine Japaner unter den sieben. Zu erkennen an der Angel, findet man den Schutzpatron der Fischer als Glücksbringer in vielen Fischrestaurants.

Hotei Der Beschützer der Kinder und Barkeeper repräsentiert Glück und Popularität. Zu dick für seine Kleider, trägt der fröhliche haarlose Mann einen Sack voller Glück. Seine Gestalt soll auf den Chinesen Kaishi (10. Jh.) zurückgehen.

Jurojin Der Schutzpatron der Alten und Gott des langen Lebens wird oft mit einer Schildkröte und einem 1500-jährigen Kranich gezeigt. Er ist sehr groß, hat einen länglichen Kopf und einen strähnigen, weißen Bart.

Skulpturen der Shichi Fukujin sind häufig in Schreinen und Tempeln zu sehen.

⌃ Am Neujahrstag tanzen die Bewohner von Shirakawa (Präfektur Gifu) als Shichi Fukujin verkleidet durch das Dorf, um die Ankunft der Götter zu feiern.

Benzaiten

Ästhetik und Design

Ideale für Schönheitssinn und Stil

Ein Kennzeichen japanischer Ästhetik ist das bewusste Einbeziehen von Makeln und Asymmetrie. Geprägt von alten Traditionen, hat sie ihren besonderen Stil bei der Gestaltung der Dinge. Der Ursprung traditioneller japanischer Ästhetik liegt im Shinto und im buddhistischen Glauben mit der Betonung auf die Einfachheit und Vergänglichkeit des Lebens. Folgende Prinzipien manifestieren sich in allen Aspekten japanischen Designs – vom *Ikebana*-Arrangement *(siehe S. 74f)* bis zur Form eines Autos.

˅ *Auch noch* Wabi-Sabi: *Schale mit Sprung*

Wabi-Sabi

Während das Wort *wabi* sinngemäß mit schlichter Einfachheit übersetzt werden kann, bezieht sich *sabi* auf eine zeitlose Schönheit und edle Patina. Das unverkennbare Markenzeichen eines *Wabi-Sabi*-Designs ist seine Unvollständigkeit, Unvollkommenheit und Unbeständigkeit. So ist etwa eine Keramikschale nicht symmetrisch rund, sondern leicht unförmig. Ihre Oberfläche ist vielleicht rau und uneben und ihre Farbe eher natürlich und gedeckt als kräftig und grell. Und auch wenn Japaner im Allgemeinen Probleme haben, das Konzept präzise zu erklären, erkennen sie jedoch instinktiv, ob etwas *Wabi-Sabi* ist, weil sie genau nach diesen Merkmalen suchen.

˅ Ikebana *ist von den Jahreszeiten beeinflusst und steht für die Vergänglichkeit der Natur.*

Mono no aware

Wabi-Sabi basiert auf dem Konzept von *Mono no aware*, was so viel wie »Pathos« bedeutet und auf ein Bewusstsein für Vergänglichkeit verweist. Es ist die treibende Kraft hinter der japanischen Liebe für die Flüchtigkeit der Dinge, wie etwa die Wertschätzung der Kirschblüten. Es spiegelt gemischte Gefühle wider: die Freude, Zeuge vergänglicher Schönheit zu sein, und die Traurigkeit über die Kurzlebigkeit der Blüten andererseits.

‹ Wabi-Sabi *kann überall im Alltag angewendet werden. So erinnert das einfache Tischdecken daran, dass nichts für immer ist.*

Kintsugi

Reparieren Sie Ihre Vasen oder Schalen im *Wabi-Sabi*-Stil: *Kintsugi* ist eine Technik, die mit Goldkleber aus zerbrochener Keramik etwas Besonderes macht.

Iki

Iki bedeutet »chic und stylish« und ist eine neuere Art japanischer Ästhetik. Sie entwickelte sich aus dem Zeitgeschmack der Kaufmannsklasse, die ab dem 17. Jahrhundert in Japan langsam entstanden ist. *Iki* steht im Gegensatz zur *Wabi-Sabi*-Philosophie und wurde von der Oberschicht des Adels und der Samurai vorangebracht.

Heute findet *Iki* besonders in einfachen, aber sorgfältig und durchdacht entworfenen Gebrauchsgütern seine Anwendung: In Geschirrtüchern mit zarten *Sashiko*-Stickereien zum Beispiel, in eleganten Elektronikgeräten vom Designstudio Nendo oder sogar in fiktiven Werken des Autors Haruki Murakami.

Shibui

Anders als *Wabi-Sabi* ist *shibui* ein Adjektiv und transportiert das Konzept von dezenter, unaufdringlicher Schönheit und Finesse. Viele *Wabi-Sabi*-Objekte und -Designs sind *shibui*, aber nicht alles, was als *shibui* gilt, ist auch *Wabi-Sabi*. Es heißt, es gäbe sieben Elemente, die *shibui* beschreibt: Schlichtheit, Vorbehaltlosigkeit, Bescheidenheit, Natürlichkeit, Alltäglichkeit, Unvollkommenheit und Stille. Also nichts Grelles oder etwas mit übermäßig auffälligem Design.

› *Das* Mono no aware *inhärente Zusammenspiel von Freude und Traurigkeit lässt sich am schönsten zur Kirschblütenzeit beobachten.*

IM FOKUS

Auf Distanz

Die Pflanzen sowie der Raum zwischen ihnen machen diese Steckkunst aus.

Drei Elemente

Der längste Pflanzenstängel symbolisiert den Himmel und der kürzeste die Erde. Der mittlere Zweig steht für die Menschheit.

Wegbereiter

Der im 15. Jahrhundert lebende Buddhisten-Mönch Senkei Ikenobo gilt als der erste bekannte Meister des Blumensteckens.

Gewusst wie

In Tokyo bieten Schulen wie *ohara* und *sogetsu* *Ikebana*-Kurse an.

Ikebana

Blumen als lebende Skulpturen

Zum Konzept von *Mono no aware* gehört auch *ikebana*. Die Kunst, Blumen und anderes Blattwerk zu lebenden Skulpturen zu stecken, hat ihre Anfänge in den blühenden Opfergaben für die buddhistischen Tempel. Später nutzten Mönche die Blumenarrangements bei Teezeremonien. In ihrer einfachsten Form besteht eine *Ikebana*-Komposition zwar nur aus drei Elementen, über die Jahre haben sich die Stile jedoch dramatisch verändert. Trend der Edo-Zeit war *rikka* (stehende Blumen), ein Steckstil, dessen viel verzweigtes Stängelwerk die buddhistische Kosmologie darstellte. Das spätere *shoka* konzentrierte sich mit einer einzigen oder nur wenigen Pflanzen auf die innere Schönheit des Grüns. Heute gibt es enorm viele *Ikebana*-Schulen. Die älteste von ihnen ist *ikenono*, die sich an die strengen Regeln von *rikka* und *shoka* hält. Die in der Meiji-Zeit entstandene *Ohara*-Schule band westliche Blumen mit ein und revolutionierte *ikebana* mit dem neuen Stil *moribana*, der zur Darstellung natürlicher Landschaften Blumen in flachen Schalen »anhäufte« *(moru)*. Die 1927 gegründete *sogetsu* ist überzeugt, dass *ikebana* immer, überall und egal aus welchem Material Freude schenkt. Modernere Schulen lehren auch *jiyuka* (Freistil) – völlig frei gestaltete Arrangements.

‹ Symbolik und Saisonalität sind die Schlüsselgedanken bei der Kreation der Ikebana-Arrangements, die in ihren Größen und Kompositionen sehr variieren.

Traditionell wohnen

Nah an der Natur und praktisch zugleich

Die traditionelle japanische Bauweise ist angelehnt an die Architektur der Tempel und Schreine sowie beeinflusst von den Stilen auf dem asiatischen Kontinent. Ihr Schwerpunkt liegt auf natürlichen Materialien, umsichtiger Handwerkskunst und ruhigen, wohlproportionierten Räumen.

In dem erdbebengefährdeten Land wurden Gebäude aus natürlichen Materialien gebaut, die einer Erschütterung flexibler standhalten als Ziegel und Glas. Glücklicherweise boten Japans alte Wälder den Erbauern diese Materialien wie zum Beispiel Holz, Bambus und Pflanzenfasern. Um die natürliche Schönheit der Holzelemente zu betonen, blieb die Maserung unlackiert, und die Zimmermeister lernten schnell, die Balken eines Hauses zu verbinden, ohne auch nur einen Nagel zu verwenden. Manchmal verzierten dekorative Elemente in Giebeln und Fensterrahmen die sonst schmucklosen Häuser.

Bambus war das Material für Sparren, Decken, Zäune und Jalousien *(sudare)*, und wenn nötig wurde der Innenbereich durch *shoji* (verschiebbare Raumteiler) und *fusuma* (Schiebetüren) unterteilt. Streifen von blickdichten *washi* (Japanpapier) in den *shoji* waren lichtdurchlässig und warfen sanfte Schatten. Diese Kombination aus Gestaltungselementen und nachhaltigen Werkstoffen war wie geschaffen für das Klima mit seinem extrem heißen und kalten Wetter sowie der hohen Luftfeuchtigkeit. So blieb das Haus im Sommer erfrischend kühl und im Winter warm und gemütlich.

Beruhigendes Innenleben

Wer ein traditionelles Haus in Japan besucht oder in einem der vielen *ryokan* (Traditionsgasthaus) übernachtet, wird sich fühlen wie inmitten eines akkurat angelegten Kunstwerks. Zuerst geht es durch den *genkan*. Der Eingangsbereich stellt die klare Trennung zwischen der Außenwelt und dem familiären Trakt dar. Hier ziehen Sie die Schuhe aus, bevor Sie die Holzstufe zum Haupteingangsflur betreten und ins Haus gehen. Größere Häuser haben oft einen Besuchereingang auf dem *engawa* –

^ Von links nach rechts: *Shirakawa ist berühmt für die traditionellen Gebäude. Das Design der Innenräume steht im Einklang mit der natürlichen Umgebung.*

Der Besuch eines traditionellen Hauses ist wie der Eintritt in ein akkurat angelegtes Kunstwerk.

In die Zeit zurückgereist

Ein schönes Beispiel für ein traditionelles Heim der Oberschicht ist Nomura-ke (Präfektur Ishikawa). Chiran (Präfektur Kagoshima) und die alten Posthaltestellen in Tsumago (Präfektur Nagano) und Magome (Präfektur Gifu) haben ganze Straßen voll von traditionellen Holzhäusern. Auf dem Land werden Sie *minka* begegnen: Häusern von Bauern und Handwerkern mit teils sehr steilen Strohdächern. Die bekanntesten von ihnen sind in Shirakawa (Präfektur Gifu) und Gokayama (Präfektur Toyama).

eine Art erhöhte Holzveranda, die rund um das Gebäude verläuft. Hier müssen Sie Ihre Schuhe auf einer Steinstufe ausziehen. Der *engawa* ist wie ein Hausflur, der bei gutem Wetter geöffnet bleibt und den Blick nach draußen gewährt. Bei Sturm wird er mit Jalousien verschlossen.

Im Herzen des Hauses steht der *irori*, ein im Boden eingelassener Holzkohleherd zum Kochen und Heizen. Für warme Empfangs- und Wohnräume im Winter sorgt ein *kotatsu*, ein niedriger Holztisch mit einer unterbauten Heizung und einer Deckenumrandung, unter die man die Beine legen kann. Im Hauptempfangsraum befindet sich das *tokonoma* – eine Nische, um Kunstvolles auszustellen wie eine hängende Schriftrolle oder ein *Ikebana*-Arrangement. Oft werden sie im Wechsel der Jahreszeiten ausgetauscht.

˅ *Im Haus dienen Kissen auf dem Boden als Sitzgelegenheit.*

Tatami

Tatami geben den japanischen Wohnräumen den unverkennbaren Duft – ähnlich wie frisch geschnittenes Gras. Diese rechteckigen, gepolsterten Stroh- und Schilfmatten werden als weicher Fußboden benutzt, auf dem gesessen und geschlafen werden kann (Kissen und Futons ersetzen dabei Stühle und Betten). *Tatamis* haben ein Seitenverhältnis von zwei zu eins. Je nach Herstellungsregion gibt es unterschiedliche Standardmaße. So sind *Tatami*-Matten aus Tokyo kleiner als die in Kyoto. Auch in modernen Haushalten ist mindestens ein Raum mit *tatamis* ausgestattet. Und selbst heute noch dienen die *Tatami*-Matten als Maßeinheit zur Angabe von Raumgrößen.

Gartenkunst

Schnee, Mond und Blumen

^ *Zen-Gärten wie der Ryoan-ji in Kyoto verwenden Kieselsteine, um Wasserflächen darzustellen.*

Japanische Gartenanlagen reflektieren den Verlauf der Jahreszeiten und sind inspiriert von der Shinto-Liebe zur Natur sowie dem buddhistischen Konzept vom Paradies. Trotz gemeinsamer Gestaltungselemente und Stile gibt es vier verschiedene Arten klassischer japanischer Gartenanlagen.

Himmel auf Erden

Paradiesgärten symbolisieren das reine Land oder das Paradies Buddhas, der in der Mitte eines Lotusteichs sitzt und meditiert. Eines der Musterbeispiele dafür ist der Tempel Byodo-in nahe Kyoto. Dort repräsentiert der Teich den westlichen Ozean, wo die Toten wiedergeboren werden.

Raum für Meditation

Allgemein ist der *karesansui* oder Trockenlandschaftsgarten besser bekannt als japanischer Stein- oder Zen-Garten, da er oft zum Landschaftsbild eines Zen-Tempels gehört. Sorgsam ausgewählte und angeordnete Steine auf einer großen gerechten Kiesfläche sollen den Fokus auf die Meditation lenken. Das Adachi-Kunstmuseum in Yasugi (Präfektur Shimane) hat schon Preise für seinen Trockengarten gewonnen, aber Ryoan-ji in Kyoto besitzt wohl den

‹ *Kenroku-en in Kanazawa wurde so angelegt, dass er zu jeder Jahreszeit gleichbleibend bezaubernd ist.*

kultigsten *Karesansui*-Garten: Mysteriöse Felsformationen wirken wie kleine bergige Inseln inmitten eines Sees aus glatten und stromlinienförmig geharkten Kieselsteinen.

Perspektivwechsel

Kaiyu-shiki oder »Wandelgärten« zum Durchschreiten fanden in der Edo-Zeit (1603–1868) in Villen des Adels ihre Verbreitung. Hier führt ein Weg entlang eines zentral angelegten Teichs von einer achtsam ausgearbeiteten Szenerie zur nächsten. Ein schönes Beispiel dafür ist Tokyos Rikugi-en, dessen grüne Kulisse von klassischer Dichtkunst beseelt ist.

Teegärten

Roji (»taubedeckter Boden«) ist der einfache Garten eines japanischen Teehauses. Er ist einem Bergwanderweg nachempfunden und geleitet aus der Realität in die zauberhafte Welt der Teezeremonie. Bepflanzt ist der Garten meist mit Moos, Farn und immergrünen Pflanzen, vereinzelt gibt es auch Bäume wie Ahorn oder Pflaume.

⌄ *Rikugi-en in Tokyo bildet 88 Mini-Landschaften aus bekannten Gedichten nach.*

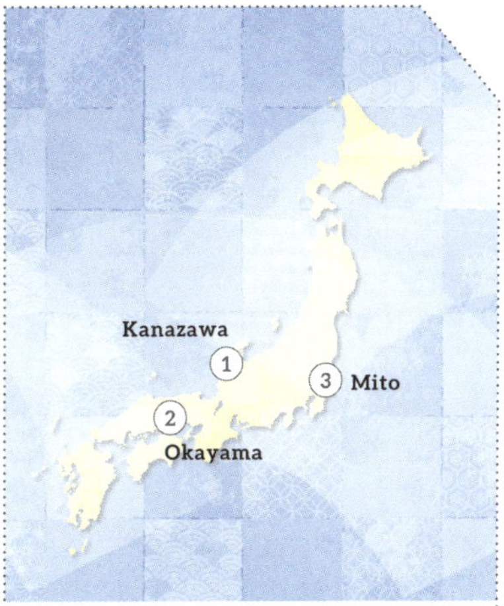

Japans schönste Gärten

Die drei berühmtesten Gärten sollen *setsugekka* am perfektesten verkörpern. Übersetzt als »Schnee«, »Mond« und »Blumen« fasst dieser Ausdruck die schönen Aspekte der Natur zusammen, die in jedem dieser Gärten zu verschiedenen Jahreszeiten zu sehen sind.

(1) **Kenroku-en** Der Wandelgarten in Kanazawa (Präfektur Ishikawa) besitzt die sechs Tugenden eines idealen Gartens: Weitläufigkeit, Abgeschiedenheit, Ehrwürdigkeit, Panoramablicke, Schlichtheit und Zurückhaltung.

(2) **Koraku-en** Der malerische Wandelgarten in Okayama (Präfektur Okayama) wurde 1700 fertiggestellt. Ein Pfad führt um den zentralen Teich mit seinen drei Inseln, die das Landschaftsbild um den Biwa-See nahe Kyoto abbilden.

(3) **Kairaku-en** Der Garten in Mito (Präfektur Ibaraki) ist berühmt für seine 100 verschiedenen Arten von Pflaumen, die im Februar ihre Blütenpracht zeigen. Im Gegensatz zu den anderen beiden wurde er als öffentlicher Park angelegt.

Bonsai

Meisterwerke in Miniaturformat

Das Wort Bonsai bedeutet »Anpflanzung in der Schale« und meint die Kunst der Topfkultivierung von Miniaturbäumen. Vor etwa 1000 Jahren kamen drei kleine Bäume aus ihrem Ursprungsland China nach Japan, wo diese Art, die Schönheit der Natur zu reproduzieren, sehr populär wurde. Bonsais sind nicht von Natur aus zwergwüchsig. Jeder Baum- oder Buschsetzling, der in eine kleine Schale gepflanzt wird, kann zu einem Bonsai kultiviert werden. Sein Wachstum wird durch professionelle Schnitttechnik kontrolliert. Koniferen wie Wacholder und Schwarzkiefer, Laubhölzer wie der Japanische Ahorn, blühende Gewächse wie Blauregen und Fruchtbäume wie Apfel und Pflaume – sie alle lassen sich zu Abbildern ganzer Landschaften manipulieren. So kann dank der Kreativität, Geduld und geschickten Hände eines Fachmanns eine knorrige Kiefer unerbittliche Schneestürme suggerieren oder ein schiefer Stamm aussehen wie vom Unwetter geschüttelt.

Diese lebende Kunst kann man in den Bonsai-Dörfern Kinashi in Takamatsu (Präfektur Kagawa) und Omiya in Saitama (Präfektur Saitama) bewundern. In Saitama ist auch das Omiya Bonsai Art Museum, das die 1000-jährige Ajan-Fichte Todoroki (Donnergebrüll) birgt. Sie ist nur 94 Zentimeter hoch, und ihr verrotteter Stamm sowie ihr gepflegtes, glänzend grünes Laubdach sind von einer stillen Schönheit – ganz im Sinne der Ästhetik von *Wabi-Sabi* *(siehe S. 72)*.

⌃ Vergnügungen in Higashiyama bei Kyoto *(um 1620)* aus *der Kano-Schule zeigt Menschen während der Kirschblüte.*

Malerei

Die Weiterentwicklung eines Kunststils

Mit einer Fülle an Genres, Stilen und Techniken hat sich Japans Malerei zu einer meisterlichen Mischung aus heimischer Ästhetik und fremden Kunsteinflüssen entfaltet.

Erzählende Bebilderung

Die japanische Malerei war stark von der chinesischen Kunst geprägt und begann zu Beginn der Heian-Zeit 794 ihren ganz eigenen Stil zu entwickeln. Eine Welle blühender Kreativität löste die Verlegung der Hauptstadt Japans von Nara nach Kyoto aus. Es entstand die ganz neue Malereiform *emaki* – narrative Bildrollen, die Legenden, Sagen und Romanzen malerisch erzählten. Einer der üppigsten *Emaki*-Stile war *yamato-e*, für den stilisierte Figuren, flächige Farbwolken und eine neuartige Innenansicht von oben herab charakteristisch ist.

Einfarbige Einfachheit

Im 14. Jahrhundert wurden einfachere Kunstformen wie die monochromatische Tuschemalerei wieder modern. Die aus China stammende Technik verschönerte anfangs Zen-Tempel. Ihre Einfachheit und fließende, fehlerhafte Beschaffenheit passte perfekt zum Konzept von *Wabi-Sabi* *(siehe S. 72)*. Ein Meister dieser Stilrichtung war Sesshu, dessen größtes Werk – die 15 Meter lange Landschaftsrolle *Sansui chokan* – im Mori Museum in Hofu (Präfektur Yamaguchi) zu sehen ist. Ein weiteres

> *Die Shogune wollten eine stilistisch aufwendige Kunst, die groß und grandios ist.*

bekanntes Bild ist *Lesen im Bambus-Atelier* vom Künstler Shubun, das im Nationalmuseum Tokyo ausgestellt ist.

Kanos funkelnder Prunk

Zwischen dem 15. und 19. Jahrhundert hatte die Kano-Schule den größten Einfluss auf die Malerei. Seine Blüte erreichte dieser Stil mit kräftigen Farben, stilistischer Opulenz und großen Gold- oder Silberflächen, als aufstrebende Shogune große, grandiose Kunst forderten. Die Bilder wurden oft auf *byobu* (Wandschirme) und *fusuma* (Schiebetüren) gemalt. Das MOA-Kunstmuseum in Atami (Präfektur Shizuoka) hat ein wunderschönes Beispiel dafür in seiner Sammlung: *Rote und weiße Pflaumenblüten* von Ogata Korin (1658–1716).

Westlicher Einfluss

Im späten 19. Jahrhundert drängte *yoga* (Malerei im westlichen Stil) die volkstümlichen Malstile Japans in den Hintergrund. Als Reaktion auf diese importierte Kunstform entstand *nihonga*, eine Bewegung, die traditionelle Maltechniken mit modernen Thematiken verband. Beispiele für diese unverkennbaren Werke stellt das Yamatane-Kunstmuseum in Tokyo aus.

^ Chogonka Emaki *von Kano Sansetsu ist ein Rollbild im* Yamato-e-*Stil*

Rollen der Kunstgeschichte

Die ältesten erhaltenen *yamato-e* sind vier Bildrollen aus dem 12. Jahrhundert. *Die Geschichte vom Prinzen Genji* *(siehe S. 133)* gehört zu den weltweit ersten Romanen, und die edlen Illustrationen vermitteln bildschön die damalige Hofkultur. Drei der Rollen sind im Besitz vom Tokugawa-Kunstmuseum in Nagoya (Präfektur Aichi). Die vierte zeigt Tokyos Gotoh Museum.

Farbholzschnitte

Bilder der fließenden Welt

Wörtlich bedeutet *ukiyo-e* (Druckgrafik und Malerei) »Bilder der fließenden Welt«. Der Name entspringt den bunten Szenen Japans, die die Künstler zwischen dem 17. und 19. Jahrhundert bildlich darstellten.

Als erschwingliche Kunst für den japanischen Massenmarkt entstanden, fing *ukiyo-e* die sinnlichen Freuden des Alltags ein. Lieblingssujets waren berühmte Geishas, *Kabuki*-Schauspieler und Sumo-Ringer, aber auch bekannte Stadtbilder. Malerische Landschaftsansichten waren ebenso begehrt. Nicht zuletzt, weil sie in einer Zeit, in der nur wenige Menschen zu den dargestellten Orten reisen konnten, zumindest bildhaft an den Freuden teilhaben ließen. Nicht nur in Japan, auch im Ausland war *ukiyo-e* der Hit und hatte Einfluss auf westliche Kunstbewegungen wie Impressionismus und Jugendstil sowie auf Künstler wie Manet, van Gogh und Toulouse-Lautrec.

Die ersten *Ukiyo-e*-Drucke sollen von Hishikawa Moronobu stammen. Sein reiner Zeichenstil setzte die Messlatte für die

⌄ *Hokusais* Die große Welle vor Kanagawa *kann im Hokusai-Museum Sumida in Tokyo bewundert werden.*

Die wichtigsten *Ukiyo-e*-Künstler

Hishikawa Moronobu (1618–94)
Der erste Ukiyo-e-*Meister und produktive Künstler ist besonders für die Darstellung weiblicher Schönheiten berühmt.*

Katsushika Hokusai (1760–1849)
Hokusai wurde für seine Serie 36 Ansichten des Berges Fuji *gefeiert, ist aber auch für seine* Shunga-*Zeichnungen (erotische Bilder) bekannt.*

Utagawa Hiroshige (1797–1858)
Hiroshige ist vor allem für seine Landschaftsserien Die 53 Stationen des Tokaido *und* 100 berühmte Ansichten von Edo *bekannt.*

Hiratsuka Un'ichi (1895–1997)
Un'ichi lebte 33 Jahre in den USA und wurde von drei Präsidenten beauftragt, Holzschnitte von nationalen Wahrzeichen herzustellen.

nachfolgenden Künstler. Der bekannteste war Katsushika Hokusai, dessen *Die große Welle vor Kanagawa* (Teil der Serie *36 Ansichten des Berges Fuji*) weltweit zur Ikone des Genres wurde. Ein anderer maßgebender Künstler war *Ukiyo-e*-Meister Utagawa Hiroshige, der mehr als 8000 Werke schuf. Hiratsuka Un'ichi wiederum verband sein Können in Druckgrafik und Holzschnitt und entwickelte die neue Technik *tsukibori*, die raue und gezackte Ränder an Bildern entstehen ließ.

Eintauchen in *ukiyo-e*

Tauchen Sie ein in die fließende Welt der *Ukiyo-e*-Kunst. Großartige Sammlungen besitzen das Japan Ukiyo-e Museum in Matsumoto (Präfektur Nagano) und das Ota-Kunstmuseum für Ukiyo-e in Tokyo. Die Museen in Tokyo und Obuse (Präfektur Nagano) widmen sich Hokusai, das in Ena (Präfektur Gifu) dem Künstler Hiroshige.

Komplizierter Prozess

Ein *ukiyo*-e zu drucken ist ein mehrstufiges Verfahren, an dem mehrere Handwerker beteiligt sind. Zuerst liefert der Künstler das Bild und schlüsselt es in die Farben auf, die verwendet werden sollen. Danach transferiert der Holzschneider jedes Farbbild einzeln auf eine Reihe von Druckplatten. Für die Herstellung des finalen Bilds verwendet der Drucker jede dieser Holzplatten, indem er mit der hellsten Farbe beginnt und mit der dunkelsten endet. Die Platten sind mit Nummern versehen, die dem Drucker helfen, die Farben auszurichten.

Ukiyo-e-*Drucke im Grafikstil sind auch heute noch beliebt.*

> Ukiyo-e – *als bezahlbare Kunst gedacht – fängt die sinnlichen Freuden des Alltags ein.*

Mashiko-Keramik ist Volkskunst in gedämpften Farben.

Mashiko

Die Muster auf Imari-Porzellan sind aufwendig.

Arita

Bizen ist häufig rotbraun und von rustikaler Gestalt.

Imbe

Keramik im Arayachi-Stil ist von rauer Textur.

Yomitan

Keramik

Regionale Interpretationen einer alten Kunst

Urig und unvollkommen, zierlich und zart gemustert: Japanische Keramik hat viele schöne Formen. Noch heute wird sie von geschickten Kunsthandwerkern nach jahrhundertealten Traditionen hergestellt.

Aufgrund der zentralen Rolle in der Esskultur und der Teezeremonie *(siehe S. 198f)* entstanden in verschiedenen Gegenden unzählige Keramikstile – jeder von ihnen mit einer ganz eigenen Technik, die oft von der Beschaffenheit des lokalen Tons abhing.

> *Einheimische glauben, der Ton verfeinere den Geschmack von Speisen und Getränken.*

Mashiko

Mashiko-Ton ist reich an Silikat und Eisen. Man kann ihn einfach formen, und er ist außerdem feuerfest. Mit rund 250 Töpfereien und 50 Keramikläden ist Mashiko (Präfektur Tochigi) eine von Japans Top-Töpferstädten. Die Gegend ist vor allem für ihre rustikalen Objekte aus rotem Ton bekannt – populär geworden durch den Künstler Hamada Shoji, der auch die Volkskunstbewegung *mingei (siehe S. 118f)* mitgründete.

Arita

Im 16. Jahrhundert wurden koreanische Töpfer nach Arita auf die Insel Kyushu verschleppt, damit sie ihr Wissen, Farbglasurtechnik inklusive, teilten. Ihr Vermächtnis von dünnem, leichtem und beständigem Porzellan ist heute als Imari-Ware bekannt und zeichnet sich oft durch zarte Verzierungen mit blau-weißem Blumenmuster aus. Eine der ältesten Manufakturen ist Arita Porcelain Lab, die noch heute Traditionelles und Zeitgemäßes produziert.

Imbe

Mehr als 1000 Jahre lang wurde Bizen-Keramik in Imbe (Präfektur Okayama) hergestellt. Sie ist typischerweise aus erdigem, eisenreichem Ton und hat eine warme, rotbraune Farbe. Einheimische glauben, der Ton habe spezielle Qualitäten. So soll er den Geschmack von Speisen und Getränken verbessern. Und Blumen in einer Bizen-Vase sollen länger frisch bleiben.

Yomitan

Seit dem 16. Jahrhundert wurde Keramik im Tsuboya-Stil auf den milden Okinawa-Inseln produziert. Tsuboya ist ein Stadtteil von Nara, wo die Töpfereien ursprünglich ansässig waren, bevor die Öfen im 20. Jahrhundert auf die Halbinsel Yomitan verfrachtet wurden. Der einfache, unglasierte Arayachi-Stil wird normalerweise für große Vorratsbehälter benutzt. Der farbigere glasierte Joyachi-Stil ist eher dem dekorativen Tafelgeschirr vorbehalten.

Tobe

Die Fertigung dieser charakteristischen Keramik in Tobe (Präfektur Ehime) auf Shukoku hat sich seit der Einführung im 18. Jahrhundert kaum verändert. Auch heute werden die indigoblau-weißen Designs kunstfertig von Hand bemalt.

Kaufen Sie Ihr eigenes keramisches Kleinod

Auf Töpfermärkten kann man besondere Keramik-Souvenirs finden. Im Frühling und Herbst veranstaltet Tobe das Tobe-yaki Ware Festival, wo an etwa 60 Ständen die auffallenden und stadttypischen indigoblau-weißen Keramiken verkauft werden. Auch in Mashiko finden jährlich Ende April, Anfang Mai und Anfang November große Töpferfeste statt.

Alte Kunstformen

Die Keramikherstellung begann in Japan während der Jomon-Zeit vor etwa 15000 Jahren. Irdene Tongefäße wurden mit markanten Schnurmustern verziert.

Handbemalt ist jedes Tobe-Design ein Unikat.

Tobe

Die Lackkunst aus Wajima ist oft goldverziert.

^ **Von links nach rechts:** *Die häufigsten Lackkunstfarben sind schwarz und rot. Ursprünglich blieb das Holz für die Marketerie gänzlich ungefärbt.*

Dekorative Kunst

Eine Art Alltagskunst

In Japan gibt es keine strenge Unterscheidung zwischen Kunst und Handwerk – beide haben eine lange, bedeutende Geschichte und werden gleichermaßen geschätzt. Das traditionelle Kunstgewerbe floriert auch heute noch in ganz Japan, und ihre talentiertesten Handwerker werden als lebende Nationalschätze geehrt.

Überall im Land finden Sie Märkte und Werkstätten mit einer Fülle an wunderschönem Kunsthandwerk. In manchen dürfen Sie sogar selbst Hand anlegen. Die beliebtesten von ihnen stellen wir hier vor.

Lackkunst

Japans glanzvolle Lackkunst *(shikki)* ist eine Augenweide. Bei dieser über 5000 Jahre alten Technik wird Holz mit mehreren Lackschichten (aus Baumharz) versehen und das Ganze dann zu einem glatten glänzenden Finish poliert. Die stilvolle Lackkunst aus Wajima (Präfektur Ishikawa) besticht durch Techniken wie *chinkin* (mit Goldeinlagen) und *maki-e* (mit Metallstaub verziert). In der Tsugaru-Gegend (Präfektur Aomori) in Honshus Norden spezialisierte man sich auf eine Technik aus mehreren Schichten verschiedenfarbiger Lacke, um so einen gesprenkelten Effekt zu erzielen. Typisch für Negoro-Lackkunst (Präfektur Wakayama) im Westen Japans ist, dass die obere Lackschicht wie abgewetzt wirkt und die untere Schwarzschicht hervorblitzen lässt. Künstler brauchen nicht nur Talent, sondern auch großes technisches Verständnis, der feuchte Lack ist sehr giftig.

Marketerie

Die Thermalbadstadt Hakone (Präfektur Kanagawa) westlich von Tokyo ist berühmt für ihre raffinierte Marketerie *(yosegi-zaiku)*. Bei der Technik werden Furniere aus heimischen Hölzern zu aufwendigen geometrischen Mustern verarbeitet. Traditionell für das Design von Puzzleboxen und Schalen verwendet, ist *yosegi-zaiku* heute in vielen modernen Produkten – von Handyhüllen bis Schmuck – angekommen.

Metallverarbeitung

Seit Jahrhunderten sind die Nachbarstädte Tsubame und Sanjo (Präfektur Niigata) die Zentren der Metallverarbeitung. Die Besonderheit der Gegend ist die *Tsuiki*-Kupferarbeit, bei der eine einzelne Kupferplatte in die gewünschte Form gehämmert wird. Hervorzuheben ist die Werkstatt Gyokusendo in Tsubame, die als immaterielles Kulturgut ausgezeichnet wurde.

Papiermacherei

Washi (Japanpapier) ist handgeschöpftes Papier aus Pflanzenfasern und gehört mit seinem unregelmäßigen und einzigartigen Aussehen zu *Wabi-Sabi* *(siehe S. 72)*. Für verschiedene Objekte wie Wand- und Lampenschirme gibt es vielfältige Papiersorten, zum Beispiel das zähe und langlebige *hosokawa washi* aus Kozo-Fasern (Maulbeere). Für die diversen Farben und Texturen werden Blüten, Gräser und Holzasche beigemischt. Dank des Mix aus Japanischem Papierbusch, Gampi und Hibiskuswurzeln wird *sekishu-banshi* aus der Präfektur Shimane für seine Robustheit geschätzt.

^ Die bunten Daruma-*Puppen sind ein Symbol für Beharrlichkeit und Glück.*

Puppenherstellung

Puppen *(ningyo)* sind in Japan mehr als bloßes Kinderspielzeug. Sie haben eine große kulturelle Bedeutung. Jeder kauft die roten runden *daruma* aus Pappmaschee, die den Zen-Gründer Bodhidharma darstellen. Diese Talismane werden oft mit leeren Augen verkauft. Dahinter steckt die Idee, dass man bei einem Wunsch erst das eine und bei Wunscherfüllung das zweite Auge ausmalt. Meisterwerke sind die *Hina*-Puppen. Zum Fest Hinamatsuri am 3. März sind sie in kunstvoll verzierter Hofkleidung aus der Heian-Zeit (794–1185) zu sehen.

> Washi wird seit mehr als 1 000 Jahren in Japan hergestellt.

IM FOKUS

Wichtige Fertigkeiten

Origami im Unterricht hilft Schulkindern bei der Geometrie, dem räumlichen Sehen und in ihrer Feinmotorik.

Kraniche

Das Sinnbild für Langlebigkeit liegt oft in Papierform unter Hotelkopfkissen oder dient als Give-away in Shops.

Friedenssymbol

Die Papierkraniche am Kinder-Friedensdenkmal werden von Menschen aus alles Welt nach Hiroshima gesendet.

Entspannung

Origami ist weithin als Tätigkeit zur Stressreduzierung anerkannt.

Origami

Die Kunst des Papierfaltens

Zuerst einmal falten. Dann noch mal und noch mal. So lange, bis aus einem Blatt Papier eine elegante Form entsteht – ohne Schere oder Kleber. Ursprünglich religiösen Zeremonien vorbehalten, wurde Origami während der Edo-Zeit (1603–1868) zur Kunst erhoben, als Anleitungen niedergeschrieben wurden und *washi* (Japanpapier) erschwinglicher war. An der Wende zum 20. Jahrhundert ebbte das Interesse ab, wurde aber durch die Kreationen des Origami-Großmeisters Akira Yoshizawa erneut entfacht. Heute ist Origami ein beliebtes Hobby, und es gibt Museen, die sich ganz dieser Kunst widmen. Das Nippon Origami Museum in Kaga (Präfektur Ishikawa) ist das größte. Hier kann man die Faltkunst auch erlernen. Origami findet sogar in der Technik Anwendung: etwa bei Solarpanels von Satelliten, die beim Start eingeklappt, im All ausgebreitet und bei der Rückkehr wieder eingefaltet werden können.

Eine der symbolträchtigsten Origami-Figuren ist der Kranich. Er gilt in Japan als Glücksbringer, und einer Legende nach wird jedem, der 1000 dieser Vögel falten kann, ein Wunsch erfüllt. Die bekannteste Geschichte dazu kommt aus Hiroshima. Sadako Sasaki faltete 1000 Kraniche in der Hoffnung, von Leukämie, ausgelöst durch die Atombombe 1945, geheilt zu werden. Sie überlebte nicht, aber an sie erinnert heute noch das Kinder-Friedensdenkmal in Hiroshimas Friedenspark, das mit Girlanden voller Papierkraniche dekoriert ist.

‹ Die erste veröffentlichte Schrift mit einer formalen Bauanleitung zur Origami-Kunst war das 1797 erschienene Buch Hiden senbazuru orikata (Wie man 1000 Kraniche faltet).

> *Die traditionelle japanische Schreibung ist vertikal – von oben nach unten.*

Kalligrafie

Der Weg zu schreiben

^ *Dieses* kanji *für »Winter« ist im* Sosho-*Kalligrafie-Stil.*

Während im Westen die Kalligrafie *(shodo)* mit Schönschrift verbunden wird, ist sie in Japan eine Kunst. Der Schreibwinkel und der Druck der Pinselspitze auf das Papier, die Gradation der schwarzen Tinte, die Federführung und Anordnung der Schrift, all das spiegelt das Künstlerbestreben nach Schönheit und Selbstentfaltung wider.

Bis etwa zum 5. Jahrhundert, als aus China die von Piktogrammen abgeleiteten Schriftzeichen nach Japan kamen, gab es im Land keine Schrift. Heute hat jedes japanische Logogramm *(kanji)* seine eigene Bedeutung und wird mit weiteren zu neuen Wörtern verbunden. So bedeutet 木 *(ki)* allein zum Beispiel Baum, drei zusammen 森 *(mori)* Wald. Da Japanisch jedoch zu den indigenen Sprachen gehört und mit keiner anderen verwandt ist, ließ es sich nicht vollständig in *kanji* ausdrücken. Und so kamen zwei Silbenschriften hinzu: *Hiragana* für grammatikalische Endungen und einige indigen-japanische Wörter sowie *katakana* für Fremdwörter und Namen. Das heutige Japanisch ist eine Kombination aus allen drei Schreibsystemen, und inzwischen stehen Kalligrafie-Künstlern etliche *Kanji*-Stile zur Verfügung, etwa *kaisho* (gerade Druckschrift), *gyosho* (halb kursiv) und *sosho* (kursiv).

Japanische Kinder lernen *kanji* während ihrer gesamten Schulzeit, und Kalligrafie ist Teil des nationalen Lehrplans. Im Alter von etwa neun Jahren werden die Schüler in *shodo* unterrichtet, weiterführende Schulen bieten oft *Shodo*-AGs an.

Mit dem Pinsel auf Papier

Seit einigen Jahren ist in Japans Teenager-Shodo-Clubs Performance-Kalligrafie sehr beliebt, bei der mit dicken Pinseln übergroße Kalligrafien synchron zu Musik aufs Papier gebracht werden. Der berühmteste Wettbewerb ist der jährliche Shodo Performance Koshien in der Präfektur Ehime, der den Film *Shodo Girls: Watashitachi no Koshien* (2010) inspirierte.

Kinder wie Erwachsene nehmen heutzutage private Kalligrafiestunden, und einige Städte wie Tokyo und Kyoto bieten Einführungskurse für Ausländer an. Nationale Museen und Galerien, wie etwa Tokyos Nationalmuseum und das Calligraphy Museum, haben regelmäßig Kalligrafie-Ausstellungen im Programm. Und es gibt sogar Weiher in *Kanji*-Formen. So ist im Moosgarten von Kyotos Saihoji-Tempel ein Teich zu finden, dessen Form dem Schriftzeichen für »Herz« entspricht.

Das Schreiben einer persönlichen Kalligrafie ist ein beliebter japanischer Neujahrsbrauch. Diese *kakizome* werden Mitte Januar traditionell verbrannt. Steigt das brennende Papier nach oben, sollen sich die Fähigkeiten des Schreibers verbessern.

^ Zu den klassischen Schreibutensilien gehören Pinsel, Tusche, Reibstein und Wasserbehälter.

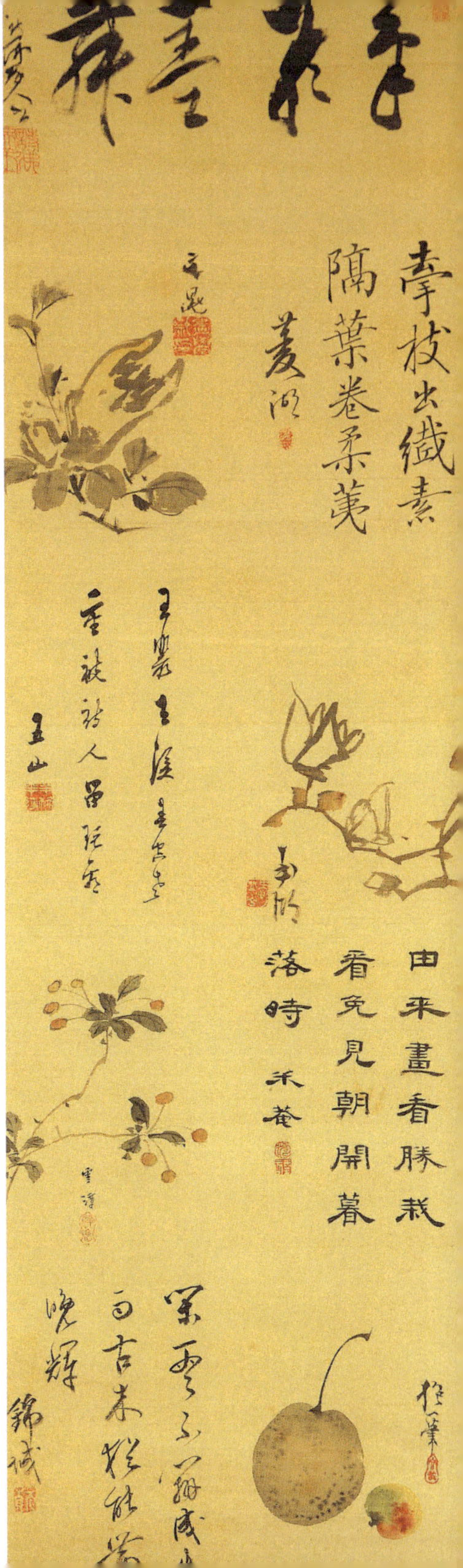

> Frühe Kalligrafie-Stile wurden von buddhistischen Mönchen entwickelt.

INNOVATIVES JAPAN

Viele Menschen verbinden mit Japan futuristische Stadtszenerien wie aus Science-Fiction-Filmen, und das ist auch alles andere als verwunderlich. Stellen Sie sich bei Dämmerung an Tokyos Shibuya-Kreuzung und Sie könnten glauben, Sie befänden sich am Filmset einer neuen Folge von *Blade Runner*. Je mehr ausländische Besucher ins Land kommen, desto mehr möchte Japan sein innovatives Bestreben nach Zukunftstechnologie zur Schau stellen, sei es der Hochgeschwindigkeitszug Shinkansen zwischen Tokyo und Osaka oder das Netz von Wasserstofftankstellen für Brennstoffzellenfahrzeuge. Darüber hinaus hat die Regierung einen Plan für eine supersmarte Gesellschaft lanciert, in der künstliche Intelligenz, Robotertechnik und Big Data allgegenwärtig sind. Japan-Urlauber sind aber wohl vor allem von den kleinen Dingen beeindruckt: ein warmer Toilettensitz, pünktliche Züge oder die Flughafenautomaten, die Koffer direkt zur richtigen Fluglinie leiten. Skurril, aber zuverlässig ist die japanische Technologie immer auch ein Erlebnis, das den eigenen Horizont erweitert.

Japans Innovationen

Egal, ob beheizter Tisch oder erdbebensicherer Münzautomat – neueste Technologien sind überall in Japan zu finden. Den besten Überblick über vergangene und aktuelle Errungenschaften in Wissenschaft und Technik bieten die Museen in oder in der Nähe großer Städte, wie Tokyos Miraikan und Nagoyas Toyota Commemorative Museum of Industry and Technology. Zukunftsweisendes zeigen auch Forschungszentren wie der Science Square TSUKUBA.

4,2

Millionen Automaten sind in ganz Japan zu finden – so kommen auf jedes Gerät etwa 30 Personen.

Erstaunliche Töne
Die Insel Naoshima – bekannt für ihre Kunstmuseen – ist Heimat inspirierender Klanginstallationen (siehe S. 110f)*: »Storm House« von Janet Cardiff und George Bures Miller entfesselt in einem traditionellen japanischen Haus einen Sturm.*

^ Inselverbindung
Die Brücke Akashi-Kaikyo verbindet Kobe auf Honshu mit der Insel Awaji. Sie ist mit einer Stützweite von fast zwei Kilometern ein Wunder der Technik.

NAGOYA

KOBE

NAOSHIMA

AWAJI

< Industrie-Titan
Bei Nagoya, Japans industriellem Kerngebiet, liegen das Toyota Commemorative Museum of Industry and Technology und das Toyota Kaikan Museum, wo Sie in den ultraeffizienten Montagewerken Industrierobotern (siehe S. 106f) *bei der Arbeit zusehen können.*

Nicht von dieser Welt

Japans Hayabusa war die erste Raumsonde, die erfolgreich Proben von der Oberfläche eines Asteroiden im Weltall mitbrachte.

⌄ Flutkontrolle
Der äußere Entwässerungskanal für das Hauptstadtgebiet dient als unterirdischer Hochwasserschutz (siehe S. 100). *Durch diese eindrucksvolle Architektur zu wandeln, gleicht dem Besuch einer extraterrestrischen Kathedrale.*

‹ Auf dem neuesten Stand
Der Science Square TSUKUBA ist das Vorzeigeprojekt des nationalen Forschungsinstituts für Industrietechnik. Besuchen Sie Ausstellungen über Robotiks (siehe S. 106f) *und zu anderen wegweisenden Ideen.*

TSUKUBA

KASUKABE

TOKYO

TSURU

‹ Innovationszentrum
Auf der künstlichen Insel Odaiba in Tokyo liegen das Miraikan (Nationales Museum für Zukunftsforschung und Technologie) sowie das Panasonic Center Tokyo, das futuristische Lifestyle-Technologien ausstellt und einen Nintendo-Spielbereich hat.

› Die Zukunft des Reisens
Die nächste Generation der Shinkansen-Highspeed-Magnetschwebebahn wird mit 500 km/h fast doppelt so schnell sein wie aktuelle Modelle. Testläufe zeigt das Yamanashi Prefectural Maglev Exhibition Center (siehe S. 99).

Sitzen Sie bequem?

Toiletten in Japan können bis zu 30 Kontrollknöpfe haben – für Funktionen wie Bidets und Sitzwärmer.

> *Tokyos Skytree dominiert die Skyline der Hauptstadt.*

Wunderwerke der Technik

Erfindung fortschrittlicher Schönheit

Japans Ingenieure denken in großen Dimensionen. Von superschnellen Zügen bis hin zu Bauten, die das Leben erleichtern sollen – seit das Land Ende des 19. Jahrhunderts den Weg der Modernisierung einschlug, ist Japan einer der Vorreiter in Sachen Technologie und Design.

Als Inselkette ist Japan anfällig für Erdbeben und Taifune und steht bei Baumaßnahmen vor immensen Herausforderungen. Es besitzt zudem kaum Bodenschätze. Deshalb musste es für seinen Wohlstand Design, Fertigung und Export vorantreiben. Die Konzentration auf qualitativ hochwertiges Handwerk und die Bereitschaft, enorme Summen zu investieren, machten aus dem Land eine moderne Nation mit einer exzellenten Infrastruktur und dem Willen, zukunftsweisende Technologien zu entwickeln. Revolutionäres mag im Ausland entstehen, die Japaner passen es aber ihren Bedürfnissen so an, dass am Ende etwas Innovatives herauskommt. So auch 1993, als die USA den Mosaic-Browser lancierten. Sechs Jahre später führte Japans Mobilfunkanbieter NTT DOCOMO mit i-Mode den weltweit ersten Dienst ein, mit dem Handynutzer im Internet surfen und E-Mails versenden konnten.

Entdecken Sie Tokyos Höhen und Tiefen

Tokyos Ingenieurskunst reicht von den unterirdischen Tiefen des äußeren Entwässerungskanals für das Hauptstadtgebiet bis hin zur Spitze des Skytree *(rechts)*. Ersterer ist täglich für Touren geöffnet, und von der Aussichtsplattform des Sendeturms hat man einen tollen 360-Grad-Blick über die Stadt.

Der Skytree in Tokyo ist Japans höchstes Gebäude.

^ Schnellzüge verbinden Tokyo mit Japans wichtigen Großstädten.

Verbindung von Menschen und Orten

Eines der besten Beispiele für Japans Ingenieurskompetenz ist das Eisenbahnnetz. Auf der Hochgeschwindigkeitsstrecke Tokaido-Shinkansen fahren die Züge bis zu 285 Stundenkilometer und schaffen die 515 Kilometer zwischen Tokyo und Osaka in zwei Stunden und 22 Minuten. Täglich werden bis zu 360 000 Passagiere befördert, die jährliche Verspätungszeit liegt im Schnitt bei weniger als 30 Sekunden pro eingesetztem Zug. Mehr als zehn Milliarden Menschen befuhren seit 1964 die Strecke, und es gab noch keinen einzigen tödlichen Unfall. Betreiber JR Central baut gerade die Magnetschwebebahnlinie Chuo-Shinkansen, die die Strecke Tokyo – Osaka mit einer Top-Geschwindigkeit von 500 km/h in nur einer Stunde schaffen soll.

› *Der äußere Entwässerungskanal für das Hauptstadtgebiet ist Teil eines wichtigen Flutkontrollsystems.*

Schwierige Gegebenheiten

Unterirdische Räume haben in Japan eine wichtige Rolle bei der Flussregulierung. So befindet sich in Tokyos Peripherie der äußere Entwässerungskanal für das Hauptstadtgebiet, auch bekannt als G-Cans.

Das 230 Milliarden Yen teure Mammut-Kanalsystem wurde 2006 fertiggestellt und ist so angelegt, dass es die typischen Taifune und heftigen Regenzeiten der Hauptstadt aushält. Das System besteht aus fünf riesigen Speichern, die durch einen 6,5 Kilometer langen Tunnel zu einem gigantischen Wasserreservoir verbunden sind. In dieser tempelähnlichen Architektur – 177 Meter lang, 78 Meter breit und 25 Meter hoch – können in einer Sekunde 200 Liter Wasser in den Fluss gepumpt werden.

Über der Erde erhebt sich der höchste frei stehende Sendeturm der Welt: Tokyos 634 Meter hoher Skytree. Seine erdbebenbeständige Struktur knüpft an die jahrhundertealte Technik an, die Japan für den Bau seiner fünfstöckigen Pagoden einsetzte. Die Mittelsäule *(shimbashira)* einer Pagode gibt keinem der Geschosse physikalischen Halt, sondern dient als Gegengewicht, über dem der Rest des Turms vibrieren kann. Und so wurde auch beim Skytree die innere Säule separat von ihrem äußeren Stahlrahmen konstruiert. Zusätzlich eingebaute Dämpfer können im Fall eines Erdbebens die Schwingungen abmildern. Ähnlich wie ein echter Baum wird auch der Skytree von starken Wurzeln gehalten – in Form eines sternförmigen Gitternetzes aus 50 Meter langen, in den Boden versenkten Stahlbetonplatten.

Bevölkerungsdruck

In Japans dicht besiedelten Städten noch ein freies Grundstück zu finden, ist fast unmöglich. Das hat zu architektonischen Meisterwerken, sogenannten »Aalbetten«, geführt. Eines der bekanntesten Exemplare ist Tadao Andos »Reihenhaus von Sumiyoshi«, das 1976 in Osaka gebaut wurde. Dieser kahle Betonbau ist etwa drei Meter breit und hat zur Straße hin keine Fenster (zum Schutz der Privatsphäre). Tageslicht scheint durch den offenen Innenhof. Eine neuere Version ist Mujis vertikales Fertighaus – mit einer Fläche von nur 50 Quadratmetern. Wände oder Türen sucht man im Inneren des dreigeschossigen Hauses vergeblich. Als Raumteiler dient der zentrale Treppenaufgang.

Auch für Parks und Grünanlagen gibt es kaum Platz. Lösungen für dieses Problem sind zum Beispiel Gebäude, die so viel Grün wie möglich enthalten. Ein schönes Beispiel hierfür ist das Acros-Gebäude in Fukuoka auf Kyushu. Das bepflanzte Dach

^ *Das grüne Dach des Acros-Gebäudes in Fukuoka (Präfektur Fukuoka) gehört zu einem öffentlichen Park.*

Um mehr Grünflächen zu schaffen, wurden Gebäude entworfen, die möglichst viel Grün enthalten.

Recycling

Das grüne Dach des Acros-Gebäudes fängt das ablaufende Regenwasser für die Flora und Fauna der Umgebung auf.

^ Shusaku Arakawa und Madeline Gins wollen mit den Reversible Destiny Lofts das Leben für Ältere neu definieren.

sieht nicht nur aus wie die modernen Hängenden Gärten von Babylon, es hält auch die Temperatur im Inneren so konstant, dass es den Energieverbrauch des Komplexes reduziert.

Auch über die Überalterung in Japans Städten macht man sich Gedanken, zum Beispiel mit den originellen Reversible Destiny Lofts in Tokyos Vorort Mitaka. Dieser regenbogenfarbene Apartmentkomplex besteht aus Würfeln, Sphären und Röhren. Zimmer haben abgesenkte Küchen, mehrere Ebenen, Steckdosen an den Decken und schräge Wände – keine rein architektonische Exzentrik, sondern bewusste Gestaltung. Diese Art der permanenten Stimulierung ihrer Sinne soll den Bewohnern ein längeres Leben bescheren.

Technische Spielereien

Erleichterung des Alltags

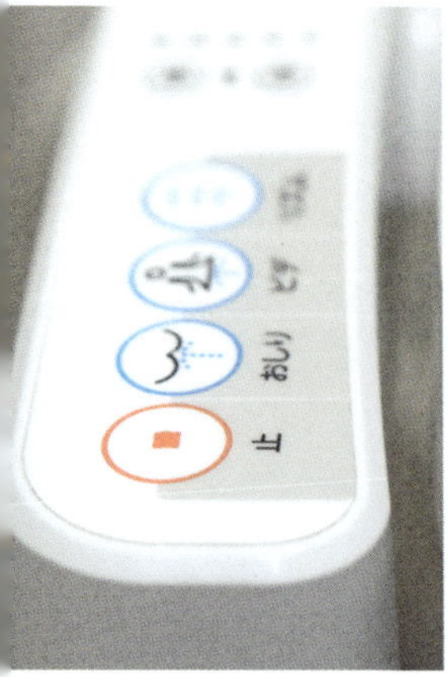

⌃ *Dusch-WCs werden über ein Paneel neben dem Sitz bedient.*

Bei japanischen Gadgets für den Haus- und Eigengebrauch geht es meistens um Komfort, Reinlichkeit und die technische Lösung gängiger Probleme. Aber viele von ihnen zeigen auch Sinn für Humor. Außenstehende würden Teile wie die Vollgesichtsmaske Pollenblocker 2 von Thanko als exzentrisch abtun. Für Japaner sind das »Galapagos«-Produkte. Diese unorthodoxen, landeseigenen Erfindungen schaffen es meist nicht nach Übersee und sind somit so einzigartig für Japan wie die Galapogos-Spezies für den pazifischen Archipel.

Verblüffende Geräte

Japanische Hersteller sind ständig auf der Suche nach dem letzten Schrei und stehen unter immensem Wettbewerbsdruck. Vom einfachen *kotatsu*, einem niedrigen Tisch mit einem Heizelement für warme Füße, über fortschrittliche Reis-Induktionskocher, automatische schuhdesodorierende Maschinen, Bodyscan-Waagen bis zu Inhalatoren, die Allergien mildern sollen – Japans Heime sind voll mit originellen Produkten, die den Alltag angenehmer machen.

Sanitäre Objekte

Dank der revolutionären Bidet-Toilette von Toto aus dem Jahr 1980 besitzen japanische Klos heute Funktionen, von denen wir nur träumen – alles im Namen der Reinlichkeit und des Komforts. Einige von ihnen sind mit Dutzenden von Kontrolltasten ausgestattet und können fast alles – vom automatischen Deckelöffnen und Erwär-

Japanische Erfindungen

⌃ **Karaokegerät**
Das vom Musiker Daisuke Inoue erfundene Karaokegerät sorgte weltweit für Begeisterung (siehe S. 158f).

⌄ **VHS**
Von JVC entwickelt, trat VHS seinen Siegeszug in den 1980er Jahren als Standard für private Videorekordersysteme an.

Laptop
Epsons bahnbrechender HX-20 hatte eine vollwertige Tastatur, LCD-Display und einen Drucker.

⌃ **Selfie-Stick**
Als Nachfolger des »Extenders« kam der erste patentierte Selfie-Stick in Japan in den 1980er Jahren heraus.

men der Klobrille über Reinigen und Trocknen des Gesäßes bis hin zum automatischen Hauch von Sprühregen nach jeder Benutzung. Ohne »Otohime« gehört zu haben, ist ein Klobesuch in Japan nicht komplett. Diese Geräte spielen Aufnahmen von Toilettenspülungen oder laufendem Wasser ab, um peinliche Körpergeräusche zu übertönen.

^ Purikura *sind ein omnipräsenter Teil von Japans Jugendkultur.*

Fun-Fotos

Behalten Sie Ihren Japan-Urlaub in bleibender Erinnerung mit einem Stopp in einem der vielen *purikura*. In diesen Fotoautomaten lassen sich die Aufnahmen mit einer großen Auswahl an Grafiken und Bildern verzieren, bevor die finalen Fotoaufkleber gedruckt werden. Mit immer raffinierteren Bearbeitungsfunktionen wurden auch die Kabinen größer, manche so groß wie ein Kompaktwagen. *Purikura* kamen 1990 auf und wurden durch die J-Pop-Boygroup SMAP bekannt. Heute sind sie überall in Einkaufszentren zu finden und besonders bei Teens sehr beliebt. Teilweise stellen *Purikura*-Shops sogar Kostüme für Verkleidungen zur Verfügung.

Chindogus

Unbestrittener König verrückter Gegenstände ist Kenji Kawakami, Erfinder von zahllosen *chindogus* (»seltsame Geräte«). Kuriositäten wie ein auf dem Kopf getragener Klopapierhalter für Allergiegeplagte, ein tragbarer Zebrastreifen für Fußgänger in Eile oder an Abflusssauger befestigte Bahnhaltegurte für Pendler sind Konzepte, die Menschen zum Nachdenken und vielleicht auch zum Lachen bringen sollen. Für Kawakami sind sie eine eigene Kunstform.

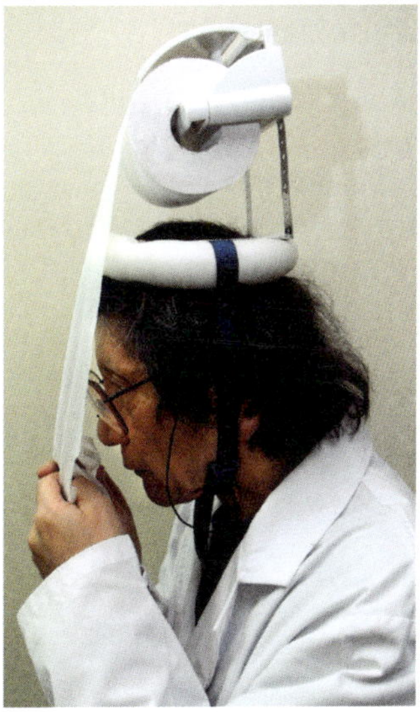

Taschenrechner
Die erste handliche batteriebetriebene Rechenmaschine war Canons Pocketronic.

^ **Walkman**
Der Walkman von Sony revolutionierte das Musik-Hörerlebnis der Menschen. Insgesamt wurden 200 Millionen Exemplare verkauft.

Automaten allüberall

Ob im Bahnhof, an Reisfeldern oder auf der Piste am Berg Fuji – Verkaufsautomaten stehen nahezu überall in Japan. Weltweit gibt es nirgendwo eine höhere Automatendichte. Ein Gerät kommt auf 30 Menschen und liefert für viele Japaner die wichtigsten täglichen Produkte. In einem bevölkerungsreichen Land, in dem Geschäftsräume knapp und teuer sind, werden die immer verfügbaren Automaten sehr geschätzt.

Zukunftsweisend

Abgesehen von der großen Angebotsvielfalt steckt in Japans Automaten auch ausgereifte Technik. So können die Acure-Automaten von JR East Water Business, die am Shinagawa-Bahnhof und rund um Tokyo zu finden sind, das Alter und Geschlecht der Kunden schätzen, um ihnen so das passende Getränk anzubieten. An den Touchscreen-Geräten kann man mittels der dazugehörigen Smartphone-App sogar Freunden einen Drink spendieren – ganz bargeldlos mit der Smartcard.

Um gegen Stromausfälle oder andere erdbebenbedingte Betriebsstörungen gewappnet zu sein, werden Japans Verkaufsautomaten immer widerstandsfähiger. Einige funktionieren zur Not auch mit Batteriestrom oder einer Handkurbel. Andere geben während Katastrophen sogar kostenlose Getränke aus. 2011 verwüstete ein Erdbeben den Norden Japans und kappte

^ Von links nach rechts: *Verkaufsautomaten stehen sogar mitten auf dem Land und gelten – jederzeit zugänglich – als Inbegriff von Komfort.*
Getränke sind die üblichsten Artikel, die Verkaufsautomaten im Angebot haben.

< Auch auf der Spitze des Bergs Fuji gibt es kühle Erfrischungen aus Automaten.

Einige Automaten geben während Katastrophen kostenlos Getränke aus.

in Teilen die Stromversorgung. Ein Unglück, das auch zum Nachdenken über den Stromverbrauch von Automaten führte. Vakuumisolierte Geräte halten Getränke etwa elf Stunden auch ohne Strom kühl. Die Eco-Active-Automaten von Suntory gelten als die energiesparendsten und verbrauchen nur halb so viel wie Geräte mit normaler Wärmepumpentechnik. 2017 war der gesamte Energieverbrauch aller Automaten 62 Prozent niedriger als 2005.

Umfangreiches Angebot

Verkaufsautomaten für Münzschließfächer und Fahrkarten sind nichts Besonderes mehr. Außergewöhnlicher sind da schon Produkte wie Batterien, Schirme und Brillen, Blumensträuße, Shinto-Amulette und Unterwäsche. Besonders beliebt sind *gachapon*, die Spielzeug in Plastikkapseln ausgeben. Benannt nach dem Geräusch ihres Ausgabemechanismus, spucken sie jeden erdenklichen Firlefanz aus: von Tokyoter Türmen in Miniaturformat über Godzilla bis zu Fake-Sushi und Mützen für Katzen. Ein *Gacha*-Knaller ist Koppu no Fuchiko. Von dieser Bürodame in all ihren Variationen und verschiedenen Posen wurden schon mehr als 20 Millionen Stück verkauft.

Fast 60 Prozent der japanischen Automaten verkaufen Getränke wie Bier, Sake, Milch und Grüntee. Speisen gibt es seltener, dafür aber einiges Ungewöhnliches wie Bananen, Tütenreis, *onigiri* (Reisbälle), *natto* (fermentierte Sojabohnen), *takoyaki* (Oktopuskugeln), Pizza, Hotdogs und natürlich Instant-Nudeln. Wem das noch nicht ausgefallen genug ist, der findet in der Präfektur Kumamoto schokoladenüberzogene Heuschrecken oder andere Insekten.

1603–1868

Westliche Uhrentechnik wurde in der Edo-Zeit für mechanische Puppen genutzt, die heute als Vorläufer von Japans Roboter gelten.

1928

Makoto Nishimura bringt den drei Meter großen »Gakutensoku« heraus, der als erster in Japan gebauter Roboter gilt.

1952

Osamu Tezukas *Astro Boy (Tetsuwan Atomu)* erscheint erstmals als Comicstrip im wöchentlichen Magazin *Shonen*.

2013

Der 34 Zentimeter große »Kirobo« wird als erster menschenähnlicher Roboter ins All geschickt.

2014

»Pepper« von SoftBank Robotics hat ein Emotionserkennungssystem, das auf menschliche Gefühle reagieren kann.

2017

Groove Xs Begleiter *kawaii* *(siehe S. 124f)* gurrt und schließt die Augen, wenn er gehalten wird, was für Japans Sicht spricht, dass Roboter warmherzig und knuddelig sind.

1970 –1973

»WABOT-1« ist der weltweit erste umfassende anthropomorphe Roboter, der läuft, Objekte greift und spricht.

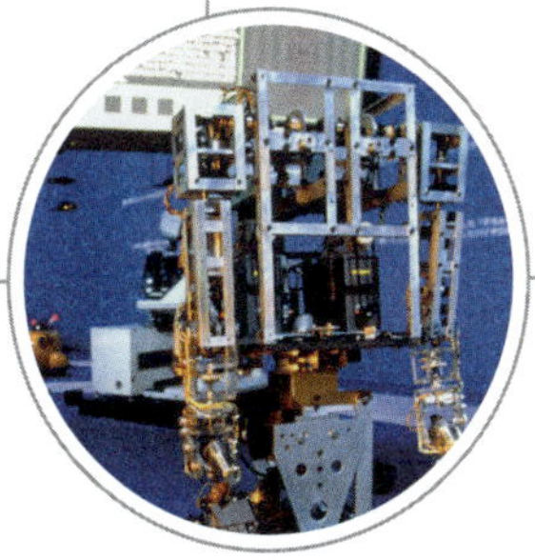

1996

Honda stellt »P2« vor, den ersten humanoiden Roboter, der realistische Bewegungen ausführen kann.

1999

»Aibo« – Sonys entwaffnend süßer Roboterhund – war als Begleiter und nicht als Spielzeug gedacht. Er wurde 2017 wiederbelebt.

2000

Hondas »ASIMO« kann gehen, rennen, in verschiedenen Sprachen kommunizieren und Tee servieren.

Evolution der Roboter

Entwicklung intelligenter Maschinen

Japan liebt Roboter. Es ist eines der automatisiertesten Länder der Erde und federführend in der Entwicklung intelligenter Maschinen für Fertigung und andere Anwendungen. Humanoide Roboter arbeiten in japanischen Läden, Showrooms und Informationszentren und geben der Welt einen Blick auf das, was ihr bevorsteht. Diese Zuneigung für Robotik liegt tief verwurzelt in dem landesweiten Respekt für *monozukuri* (Handwerkskunst) und in japanischer Science-Fiction, in der Roboter oft als heldenhafte Freunde der Menschheit porträtiert werden. Osamu Tezukas Manga-Figur *Astro Boy*, ein Android mit übermenschlichen Kräften, inspirierte Generationen von japanischen Ingenieuren, Tezukas Traum wahr werden zu lassen.

> *Akihabara ist Tokyos Elektronikviertel, eine Fundgrube für Videospielliebhaber.*

Videospiele

Kunst, Geschichtenerzählen und Technologie

Eine Videospielwelt ohne Japan? Kaum vorstellbar. Das Land erschuf nicht nur heldenhafte Charaktere, sondern revolutionierte auch die Art zu spielen. Unternehmen wie Nintendo, Saga und Sony sind bekannte Namen, und mit ihren Produkten spielen Millionen von Menschen rund um den Globus. Schlüssel zum Erfolg war Japans Vermögen, Videospiele zu entwickeln, die eine perfekte Verbindung von Kunst, Geschichtenerzählen und intuitiver Technologie darstellten.

Sich eine Videospielwelt ohne Japan vorzustellen ist schier unmöglich.

Obwohl das Land schon in den späten 1970ern begann, Arcade-Spiele einzuführen, kam der Aufschwung erst 1983, als eine Schwemme schlechter Spiele den Heimkonsolenmarkt in Amerika zusammenbrechen ließ. Im selben Jahr stellte Nintendo den Computer Famicom vor, der später als Nintendo Entertainment System (NES) seinen Siegeszug um die Welt begann. Das belebte auch das Konsolenspiel in Amerika und leitete eine Ära der Vorherrschaft japanischer Spieleentwickler ein.

Japans Spieleindustrie ist vor allem für ihre Innovationsfreude bekannt. Das zeigt auch der Wechsel vom Joystick zum Zweitasten-Controller mit Steuerkreuz. Später kamen bei Nintendos Controllern Schultertasten, Analogsticks und eine Vibrationsfunktion hinzu – all das, was heute weltweiter Standard bei Spielekonsolen ist.

< *Noch immer sind Nintendo-Konsolen überall auf der Welt beliebt.*

Spielevergnügen

Für Videospieler wäre ein Japan-Besuch nicht komplett, ohne in Tokyos Geek-Meile Akihabara oder in Osakas Äquivalent Denden Town gewesen zu sein. Retro-Shops wie Super Potato (in Tokyo und Osaka) sind ein Muss für Fans von klassischen Konsolen und Spielen von damals. Neuerscheinungen gibt es in großen Elektronikgeschäften.

Auch wenn japanische Videospiele die Rechnerleistung sowie grafische Grenzen ausreizen, sind sie keine reinen Technikübungen. Japan erschuf so beliebte Charaktere wie »Mario« und »Sonic«. Und entwickelte Spiele mit echt ergreifenden Geschichten wie *Final Fantasy VII* für die PlayStation. Es machte andere Spielformen wie Musik- und Fitnessspiele populär und erschuf neue Genres wie Survival-Horror (zum Beispiel *Resident Evil*) sowie handlungsschwere japanische Rollenspiele (etwa die Reihe *Kingdom Hearts*).

Bahnbrechendes Spielevergnügen

› *Pac-Man* (1980)
Pac-Man (ursprünglich Puck Man) war die erste Spielfigur, die die öffentliche Fantasie anregte und zum Top-Ten-Hit Pac-Man Fever *inspirierte. Die Gespenstergegner im Spiel zeigen eine für ihre Zeit unglaubliche KI-Technik.*

‹ *Street Fighter II: The World Warrior* (1991)
Obwohl nicht das erste Kampfspiel, war Street Fighter II *ein komplexer E-Sport-Trendsetter, der die Spieler dazu veranlasste, die unvergessenen Figuren zu beherrschen.*

› *Pokémon* – rote und blaue Edition (1996)
Das erste Pokémon*-Spiel für den Gameboy löste einen weltweiten Hype aus. Es bot erfüllenden Spielspaß jenseits von zu Hause und legte das Fundament für moderne Smartphone-Spiele.*

‹ *Super Mario 64* (1996)
Zusammen mit The Legend of Zelda: Ocarina of Time *stieß das Spiel mit modernster 3-D-Grafik in die dritte Dimension vor. Das gab Spielern viel mehr Freiräume als die auf zwei Dimensionen beschränkten Plattformspiele.*

› *Final Fantasy VII* (1997)
Mit Filmsequenzen, epischen Storys und schönem Soundtrack definierte Final Fantasy VII *Rollenspiele neu. Das Spiel – für PlayStation-CD-ROM-Format entwickelt – war Vorlage für einen Film.*

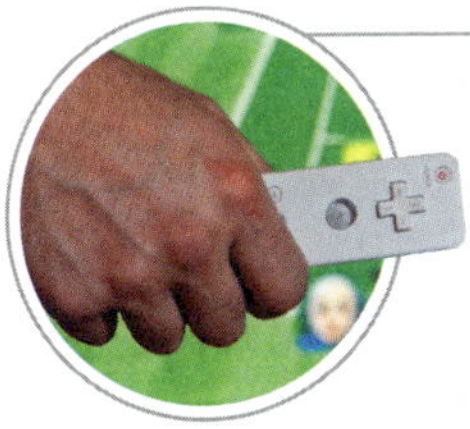

‹ Wii Sports (2006)
Nintendos bedienerfreundliche Bewegungs-Controller schlugen weltweit ein. Die Wii war keine leistungsstarke HD-Konsole und bewies, dass der Erfolg von Videospielen nicht von der besten Grafik, sondern von guten Ideen abhängt.

Glöckchen wie die suzu werden in Schreinen und Tempeln geläutet.

Suzu

Klangwelten

Eine Reise zu den Tönen

Wir sind überall von Geräuschen umgeben. Aber für das Wesen Japans sind sie ein so wichtiges Element, dass das Umweltministerium 1996 eine Liste der 100 besten Klangwelten (zusammengestellt aus Einsendungen von Einwohnern) zum Schutz der Umwelt herausgab. Natürlich und künstlich, skurril und turbulent, spirituell und kommerziell – Japans beeindruckende Vielfalt an Klanglandschaften reicht von fließendem und fallendem Wasser, zischendem Dampf, knarzendem Eis und heimischer Flora und Fauna bis zu Tempelglocken, Schiffshörnern und altem Handwerk. Diese Wertschätzung für natürliche und historische Geräusche spiegelt die aufgeschlossene Haltung des Landes wider, die dazu geführt hat, dass innovative Experimentalmusik und Klangkunstinstallationen heute ein bedeutender Teil der kulturellen Landschaft sind.

‹ Weben ist eines der vielen alten Handwerke, die auf der Top-100-Klang-Liste stehen.

Auditives Eintauchen

Viele dieser Klänge kann man sich zwar auch zu Hause als Aufnahmen anhören, aber live sie sind natürlich viel gewaltiger.

Klangskulpturen

Japan hat eine rege zeitgenössische Kunstszene, zu den innovativsten Schöpfungen des Landes gehören Klangwelten. Einer der zentralen Künstler in diesem Bereich ist Ryoji Ikeda, dessen Performances und Installationen Töne, Bilder und mathematische Notationen verbinden. Japans Museen haben zahlreiche Klanginstallationen in ihren Sammlungen. Etwa die Benesse Art Site in Naoshima (Präfektur Kagawa) mit Christian Boltanskis *La forêt des murmures* und das »Storm House« von Janet Cardiff und George Bures Miller – beides Werke mit traditionellen, in Japan aufgenommenen Klängen. Kunst und Experimentieren drängen auch in die Welt der Musik. Größen wie das Yellow Magic Orchestra, Ryuichi Sakamoto und Cornelius manipulieren Klänge zu einzigartigen Kompositionen.

Nationales Kulturgut

Klanglandschaften sind in Japan allgegenwärtig – Sie müssen nur kurz innehalten und lauschen. Nummer eins auf der Top-Klang-Liste des Umweltministeriums ist das Treibeis im Ochotskischen Meer. Einfacher zu erreichende Optionen sind zum Beispiel die »singenden Sanddünen« am Kotobikihama-Strand (Präfektur Kyoto), Sapporos Uhrenturmglocken und das Geschrei der Kronenkraniche in Tsurui (Hokkaido).

Eines der lustigsten Geräusche in Japan ist der Nachtigallenboden in Kyotos Burg Nijo, der beim Betreten zirpend quietscht – für die Samurai ein Alarmsystem.

Klanglandschaften finden Sie überall in Japan – Sie müssen nur kurz innehalten und lauschen.

^ **Von oben nach unten:**
Treibeis im Ochotskischen Meer ist Japans Top-Sound.
Ryuichi Sakamoto ist einer von Japans tonangebenden Experimentalmusikern.

KREATIVES JAPAN

Japan ist ein Land der Kontraste: Das einzigartige Nebeneinander von Tradition und Innovation bringt kreative, faszinierende Trends hervor, die sich ausbreiten, gegenseitig beeinflussen und inspirieren. Japans Kreativität schöpft aus dem geistigen Reichtum, den Kunstformen und der Ästhetik der Vergangenheit. Manchmal fällt eine dieser Entwicklungslinien wie ein roter Faden sofort ins Auge – zum Beispiel von den Holzschnitten des 19. Jahrhunderts über Pop-Art der Nachkriegszeit bis zu heutigen Mangas. Auf anderen Gebieten zeigt sich das traditionelle Erbe subtiler – etwa die Verehrung der Natur in der modernen Architektur oder das Überleben von *shibui* (Schlichtheit) in aktuellem Produktdesign. Was auch immer als Inspiration dient, in Japan gründet schöpferisches Schaffen immer in traditionellen Wurzeln. Und gerade deshalb nimmt das Land auf der Weltbühne künstlerischen Ausdrucks eine Schlüsselfigur ein.

Japans Kunst und Design

Gehen Sie irgendwo irgendeine Straße entlang und Sie werden überall den kreativen Geist Japans spüren. Er steckt in der atemberaubenden Architektur, den süßen *(kawaii)* Maskottchen auf Postern und Plakaten, hochwertiger Mode und schicken Haushaltswaren in Schaufensterauslagen. Das Land gleicht einer Galerie, in der die neuesten Trends einflussreicher Kunst und richtungsweisenden Stils gezeigt werden.

⌄ Kyoto im Kimono
Wenn Sie traditionelle japanische Kleidung (siehe S. 126f) *lieben, dann ist Kyoto ein Muss. Der Verleih von Kimonos ist ein großes Geschäft, und es gibt unzählige Läden, in denen man die eleganten Traditionsroben probieren kann.*

Verlieben Sie sich in Kumamon!
Der schwarze Bär ist das yuru-kyara *(Maskottchen) von Kumamoto* (siehe S. 125). *Machen Sie ein Selfie mit dieser Berühmtheit am Kumamon Square.*

› Vision für eine friedliche Zukunft
Im Friedensmuseum Hiroshima des Architekten Kenzo Tange (siehe S. 116) *werden u. a. moderne Formen von* haniwa *(Grabfiguren) gezeigt.*

Tägliche Lektüre

Die auflagenstärkste Tageszeitung in der Welt ist japanisch – ebenso wie die zweitstärkste.

ONAGAWA

⌄ Moderne Kunst in Hokkaido

Im Hokkaido Museum für moderne Kunst finden Sie tolle japanische zeitgenössische Kunst. In der Nähe liegt der prächtige Skulpturenpark Moerenumakoen (siehe S. 121).

TOKYO

FUJI

Welt der Animes

Im Freizeitpark Fuji-Q Highland sind einige Bereiche beliebten Animes gewidmet.

^ Anime-Attraktionen

Besuchen Sie eines der drei Pokémon Center in Tokyo. Machen Sie ein Foto von der coolen Kulisse und kaufen Sie eines der Fantasiewesen, die Sie nirgendwo sonst finden (siehe S. 134–137).

±0

Naoto Fukasawas Marke ±0 für Haushaltswaren verleiht Produkten wie Toastern, Kaffeemaschinen, Uhren und Kopfhörern ein elegant-modernes Design.

Trends in der Architektur

Verbindung von Tradition und Moderne

^ Der Baukastencharakter des Nakagin Capsule Tower von 1972 erinnert an organische Zellen und macht Metabolismus zu einem visuellen Konzept.

Die Verbindung von traditioneller Architektur aus Holz und Gebäuden aus Beton, Glas und Stahl – so wie sie heute in Japan errichtet werden – mag nicht sofort ins Auge fallen. Aber wenn Sie genauer hinsehen, erkennen Sie Japans zeitlose Werte von hoher Präzision und Handwerkskunst. Egal, ob der moderne Bau minimalistisch, schlicht oder ausgefallen ist – überall wird innovatives Design mit natürlichen Materialien umgesetzt.

Metabolismus

Ein maßgeblicher Trend war der Metabolismus. Diese Bewegung entstand im Nachkriegs-Japan und wies innovative Architekten in eine neue Richtung. Getragen von Visionären wie Fumihiko Maki, Kenzo Tange und Kisho Kurokawa, sahen die Metabolisten Städte als wandelnde Einheiten, die – wie ein menschlicher Körper – wachsen und sich weiterentwickeln müssen. Noch heute ist Kurokawas kultiger Nakagin Capsule Tower, einer der wenigen noch existierenden Metabolismus-Bauten Japans, in Tokyo zu sehen. Wer das Erbe dieser Bewegung hautnah erleben will, verbringt eine Nacht in einem der ultramodernen Kapselhotels. Das erste seiner Art war das Capsule Inn, das 1979 in Osaka eröffnet wurde und stark vom Metabolismus-Konzept beeinflusst war.

Zurück zur Natur

Einige der beeindruckendsten modernen Bauwerke in Japan sind solche, die Naturmaterialien mit hochmodernem Design verbinden. Es entsteht ein Architekturstil,

Türme der Skyline Tokyos

Tokyo Tower (1958, Tachu Naito) Der helle Sendeturm ist ein Symbol für Japans Wiederaufbau und ein wichtiges Wahrzeichen, das über die Hochhausdächer strahlt.

Tokyo Metropolitan Government Building (1990, Kenzo Tange) Der Zwillingsturm-Gebäudekomplex *(links)* hat für Japaner Symbolwert.

Tokyo Skytree (2012, Nikken Sekkei) Im starken Kontrast zum neofuturistischen Stil erinnert die Beleuchtung des Turms an die traditionellen Ästhetikkonzepte *iki* (Chic) und *miyabi* (Eleganz).

der neu und zugleich traditionell erscheint. Viele von diesen Gebäuden stehen inmitten einer natürlichen Kulisse und reflektieren die Würdigung der Natur und der vier Jahreszeiten.

Wunder der modernen Architektur

Jikka House Diese private Seniorenresidenz (Präfektur Shizuoka) liegt mitten im Wald auf einem Bergkamm. Die Anlage aus fünf mit Zedernholz verkleideten Tipis entwarf Issei Suma für seine Mutter und deren Freundin, die das Gebäude auch als öffentliches Café nutzen wollten.

Teehaus Tetsu Terunobu Fujimori entwarf das Schmuckstück im Kiyoharu Shirakaba Museum in Hokuto (Präfektur Yamanashi) und hob die Verwendung traditioneller Materialien auf die nächste Stufe. Ein einziger Zypressenstamm dient als Stütze für das schwebende Teehaus, das so bei Sturm und Erdbeben sicher schwingen kann. Andere organische Entwürfe Fujimoris sind Häuser, deren Schornsteine mit Pinien bepflanzt sind. Die Dächer sind mit Lauch und Schnittlauch bedeckt.

Ribbon Chapel Die preisgekrönte Hochzeitskapelle von NAP Architects steht im Garten des Hotels Bella Vista Spa & Marina in Onomichi (Präfektur Hiroshima). Mit zwei spiralförmigen Treppenhäusern, die sich verflechten und einander stützen, erinnert sie an ein fliegendes Band und symbolisiert den Weg in die Ehe.

⌄ Das auffällige Design der Ribbon Chapel verbindet die Elemente Erde und Luft.

> *Das japanische Konzept* shibui *(dezente Schönheit) zieht sich von klassischer Volkskunst bis hin zu modernem Design.*

Moderner Stil

Die Eleganz der Einfachheit

In einer immer schnelllebigeren Welt konzentriert sich das Produktdesign für Haushaltswaren und Möbel immer stärker auf Funktionalität. Jedoch sind in Japan traditionelle Ästhetikkonzepte, wie die subtile Schönheit von *shibui* und die Finesse von *iki* *(siehe S. 73)*, auch für moderne Designer sehr wichtig. Aus diesem Grund erkennt man in japanischen Produkten eine gelungene Balance zwischen Kunst und Alltag.

Kunst für jeden Tag

Sie möchten Ecken in Ihrem Heim wie eine moderne Galerie, diese aber trotzdem als Haushaltsfläche nutzen? Dann sind Sie bei Nendo richtig. Das preisgekrönte Designstudio wurde 2002 von Oki Sato gegründet und gestaltet viel Schönes - von Möbeln über Haushaltswaren bis zu Grafikdesigns.

So kann die qualitativ schöne Machart überdauern und selbst in einer Zeit von weltweiter Massenproduktion herausragen.

Wiederaufleben der Volkskunst

Die Produktionsart und die achtsame Sorgfalt von Japans Traditionshandwerken hätten in den transformativen Industriejahren des 20. Jahrhunderts leicht verloren gehen können. Alte Keramikstile, Textilien oder anderes Alltagshandwerk überlebten aber in Form von *mingei* (Volkskunst). Und sie ist wirklich die Kunst der Menschen – die Schöpfer von *mingei* bleiben meist anonym.

Es ist vor allem dem Kunstkritiker Yanagi Soetsu (1889–1961) zu verdanken, dass diese Form klassischer Gestaltung geschützt wurde. Yanagi schätzte die Verbindung von künstlerischen Konzepten mit der Schlichtheit und Zweckmäßigkeit von Alltagsgegenständen – insbesondere preiswertes, funktionales und einfaches Kunsthandwerk. Sein 1936 in Tokyo gegründetes

‹ *Der Hocker* Butterfly *ist nach der fließenden, geschwungenen Form eines fliegenden Schmetterlings benannt.*

Der Inbegriff von modernem Design

Muji – kurz für *mujirushi ryohin* (»keine Marke, gute Produkte«) – wurde 1980 gegründet und ist das Sinnbild für modernes Design aus Japan. Natürliche Farben und Texturen, die an klassische Ästhetik erinnern, sind wichtige Bestandteile der schön gestalteten und doch funktionalen und erschwinglichen Produkte des Unternehmens. Seine Artikel – von Möbeln über Kleidung bis zu Schreibwaren – sind bekannt für schlichtes Design und das Fehlen eines Logos. Kreativer Leiter bei Muji ist seit 2001 der Designer Ken'ya Hara, der das Firmenethos in neue Geschäftsfelder wie Hotels und Fertighäuser überführte.

Museum für japanische Volkskunst gilt als einer der besten Orte, um klassische *Mingei*-Objekte zu sehen.

Ausländischer Einfluss

Während Japans Traditionen von einigen Designern behutsam bewahrt wurden, suchten andere Künstler Inspiration von außen. Yanagi Soetsus Sohn Sori (1915–2011) machte sich mit eigenen Designarbeiten einen Namen. Sein bekanntestes Werk, der *Butterfly*-Hocker, verband japanische Origami-Kunst mit der Formungstechnik aus Sperrholz, die Charles und Ray Eames entwickelt hatten. Seine elegant-modernen Arbeiten waren ebenso beeinflusst von Le Corbusier und Charlotte Perriand, der er in den 1940ern assistierte.

› *Wie Mingei-Künstler bleiben auch die Designer von Muji-Produkten zur Wahrung der allgemeinen Markenbildung oft anonym.*

Moderne Kunst

Kunst im Nachkriegs-Japan

Japans moderne Kunst stieg nach dem Zweiten Weltkrieg wie Phönix aus der Asche. Befreit von der Militärherrschaft, begannen Künstler, das Kunstkonzept neu zu kreieren – genau wie sich das ganze Land an den Wiederaufbau machte. Die neue Generation von Kunstschaffenden öffnete sich der Performance-Kunst, erforschte figurative Bewegungen wie Surrealismus und tauschte klassische Galerien gegen die Straße, die Bühne und den Bildschirm. Von diesen Anfängen voller avantgardistischer Experimente entwickelte sich Japan zu einer inspirierenden Kunstmacht.

Pop-Art-Revolution

Innerhalb der experimentellen Kunstszene des Landes entstand in den 1950er Jahren eine eigene Version der Pop-Art. In einer Gesellschaft, die Zensur und Zerstörung erlebt hatte, galten Pop-Art-Künstler in der Nachkriegszeit als eine große Kraft für Veränderung und Freiheit. Sie fügten der neuen künstlerischen Ausdrucksform einen Hauch von kultureller Verspieltheit hinzu.

Heute ist japanische Pop-Art Kult. Takashi Murakamis regenbogenfarbene Bilder, Skulpturen und Designs wurden schon von Fashionfirmen wie Louis Vuitton und Issey Miyake aufgegriffen und machen seinen Stil zu einem weltweiten Phänomen.

Pionierarbeit der Fotografie

Japans Künstler befassten sich mit der Fotografie zwar schon seit dem Entstehen dieser Kunstrichtung, während des Zweiten

⌄ Das Freiluftmuseum Hakone in der Präfektur Kanagawa.

^ *Takashi Murakamis lachende Blumen von 2012 sind eine Hommage an Yves Klein.*

Weltkriegs war das allerdings nur regierungstreuen Fotojournalisten erlaubt. Zwar waren einige Fotografen wie Domon Ken auch zu dieser Zeit aktiv, doch die meisten kehrten erst nach dem Krieg zur Fotografie zurück. Dank der neu entdeckten künstlerischen Freiheit experimentierten sie mit dem Medium. Sie stellten neue Sujets in den Mittelpunkt, veränderten Sinn und Richtung von Fotografie und erreichten so internationalen Ruf.

In den späten 1960ern verhalf das kleine Pressefotografen-Magazin *Provoke* Daido Moriyama zu Ruhm. Er sprengte die Grenzen der Straßenfotografie, indem er die Anmut des Alltäglichen einfing und die Betrachter zu einem Teil des Geschehens werden ließ.

Kunst im Freien

Die Natur und die vier Jahreszeiten waren schon immer wichtige Inspirationsquellen für japanische Künstler. Hier stellen wir Ihnen drei der besten Plätze vor, um den landestypischen Mix von Kunst und Natur zu erleben.

1 **Open-Air-Museum Hakone**
Seit seiner Eröffnung im Jahr 1969 in der Thermalbad-Stadt Hakone (Präfektur Kanagawa) gilt der Museumspark als Vorbild für ähnliche Anlagen in ganz Japan. Über den ganzen Garten verstreut stehen Hunderte gewagter und überlebensgroßer Werke von lokalen und internationalen Künstlern.

2 **Moerenumakoen** Der Park liegt auf einem früheren Deponiegelände außerhalb von Sapporo (Präfektur Hokkaido). Entdecken Sie hier, wie die Künstler menschengemachte Installationen und Naturelemente zu kühnen Kunstwerken verbinden.

3 **Enoura-Sternwarte** Die Sternwarte (Präfektur Kanagawa) ist ein Lieblingssujet des Fotografen Hiroshi Sugimoto. Der Blick von der Sternwarte auf die Sagami-Bucht ist wie das Eintreten in eines seiner außergewöhnlichen fotografischen Meerespanoramen.

Yayoi Kusama

Pionierin der Polkadots

Yayoi Kusama rückte als bedeutende Pop-Art-Künstlerin in den 1960er Jahren in den Fokus und ist vor allem für ihre mit Polkadots gepflasterten Leinwände und übergroßen Installationen bekannt. Seit ihren Anfängen im Nachkriegs-Japan suchte sie künstlerische Freiheit. Ihre befremdliche Performance-Kunst und wegweisende Malerei führte sie zu weltweitem Ruhm.

Die bunten Polkadot-Installationen von Kusama ergründen Gedanken zu Dimension sowie Unendlichkeit. Viele sind von ihrer Erfahrung mit Angst und Depression inspiriert. Der Gebrauch von sich wiederholenden Mustern sind Ausdruck ihrer Zwangsstörung und Halluzinationen, die sie Nachbilder auf Oberflächen um sie herum sehen lassen.

Kusamas Werke sind in Galerien auf der ganzen Welt zu finden – insbesondere im Yayoi Kusama Museum in Tokyo. Der beste Ort aber, ihre Arbeit kennenzulernen, ist die Benesse Art Site auf der Insel Naoshima (Präfektur Kakawa). Kusamas Werke, wie etwa die auffällige Kürbisskulptur *(rechts)*, stehen überall auf der Insel und schaffen eine fantasievolle Welt, in der uneingeschränkt die Kunst herrscht.

> Von links nach rechts: *Hello Kitty wurde zu einer globalen Franchise-Figur. Das Sanrio-Imperium ist etwa 62 Milliarden US-Dollar schwer. Piipo ist das Gesicht der Polizei von Tokyo. Mehr als 1000 Maskottchen nehmen am jährlichen Yuru-Kyara Grand Prix teil.*

Kawaii

Die Macht des Niedlichen

Der Einfluss der bonbonfarbenen Bilderbuchästhetik von *kawaii* auf Japans Designindustrie ist groß. Der *Kawaii*-Stil ist schon auf alle Arten von Produkten und Bildern appliziert worden, was zu auffallenden Modetrends führte. Mittlerweile verschönert ein Universum von niedlichen Figuren und Maskottchen praktisch alles – von Handtaschen bis zu Shinkansen-Zügen.

Die Geburt von *kawaii*

Als in den 1950er und 1960er Jahren Mangas *(siehe S. 134–137)* populär wurden, begannen junge Japaner, den übertrieben niedlichen Stil der Figuren aufzugreifen. Die Sympathie für diese Bilder durchtränkte die ganze Konsumkultur und erreichte ihren Höhepunkt mit der Geburt der globalen *Kawaii*-Königin Hello Kitty. Die kleine weiße Katze wurde 1974 von Yuko Shimizu zur Verzierung von Fashion- und Lifestyle-Produkten der Marke Sanrio entworfen. Auch das beliebte Bruder-Schwester-Duo Little Twin Stars und das Eigelb Gudetama gehören mittlerweile zum Unternehmen. Design und Marketing sind so erfolgreich, dass die fiktiven Hochschuljungen, die in Sanrios Social-Media-Kampagne für Produkte werben, selbst zu Merchandise-Charakteren wurden, mit eigenem Bühnenstück, Manga und Anime.

Kawaii-Stil

Schnuppern Sie süße *Kawaii*-Luft in Tokyos Stadtviertel Harajuku und nehmen Sie ein Souvenir von Japans niedlicher Kultur mit – oder gleich einen Kleiderschrank voll. Den Street Style, der Harajuku bekannt gemacht hat, gibt es noch immer *(siehe S. 130)* – allerdings etwas kommerzieller aufgezogen. Zu den Boutiquen und Shops, die für die süßen Sachen angesteuert werden können,

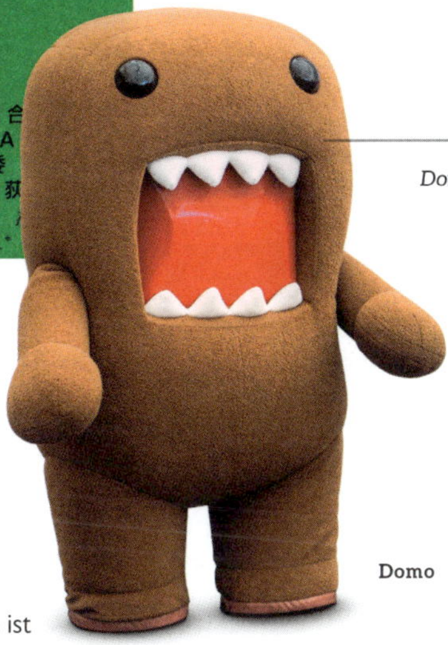

Domo vom Sender NHK ist eines von Japans beliebtesten yuru-kyara.

zählen Sanrio Vivitix und Kiddyland – ein mehrstöckiger Spielzeugshop mit niedlichen Charakteren und Produkten. Weiteres Highlight ist 6%DokiDoki: ein pinkes Paradies mit grellen Klamotten und Accessoires. Die schillernde Boutique ist die Idee von Sebastian Masuda. Der Künstler und Art Director schuf die große und transparente Hello-Kitty-Skulptur – gefüllt mit persönlichen Dingen von Menschen aus der ganzen Welt und Teil des Projekts »Time After Time Capsule«.

Maskottchen

Japans Liebe für *kawaii* haben auch Unternehmen und Institutionen für sich entdeckt und entwerfen wie Sportvereine ihre eigenen Maskottchen. Diese *yuru-kyara* (»leichter Charakter«) sind im ganzen Land anzutreffen. Einige promoten als stilisierte Markenzeichen alles – vom nationalen Sender NHK bis zu Tokyos Polizei. Andere werden von Gemeinden entwickelt, um den Tourismus anzukurbeln.

Beim jährlichen Yuru-Kyara Grand Prix wählt die Öffentlichkeit ihr Lieblingsmaskottchen. Und obwohl die Veranstaltung lustig und unbeschwert ist, steckt für die Firmen, deren *yuru-kyara* daran teilnehmen, ein ernstes Geschäft dahinter: Der Gewinner kann sich dank der Aufmerksamkeit über enorme Ertragssteigerungen freuen.

> *Auch japanische Unternehmen und Institutionen haben die Liebe für* kawaii *für sich entdeckt.*

Kimono-Kunst

Museen wie das Itchiku Kubota Art Museum in Kawaguchiko (Präfektur Yamanashi) sowie die Kioi Art Gallery und das Ome Kimono Museum in Tokyo zeigen großartige Kimono-Ausstellungen.

< Von links im Uhrzeigersinn:
Die Fashion Week in Tokyo ist das Schaufenster für japanische Mode.
Der Stoff der Frauenkimonos ist oft handbemalt.
Harajuku-Mädchen sind für ihre extravagante Erscheinung bekannt.

Fashion

Von traditioneller Eleganz bis zu Avantgarde

Jahrhundertelang beherrschten Kimonos die Modewelt Japans. Erst als im 20. Jahrhundert Kleidung im westlichen Stil *(yofuku)* eingeführt wurde, kam es in der Mode zu großen Veränderungen. Traditionelle Gewänder dienten zwar einerseits als Inspiration, andererseits wurde gegen sie rebelliert. Aus dieser Ambivalenz entstanden spannende neue Modestile.

Eine komplexe Einfachheit

Der Kimono (wörtlich »Anziehsache«) ist die traditionelle Kleidung in Japan und geht bis ins 8. Jahrhundert zurück. Aus Stoffen wie Seide für die Elite und Baumwolle und Hanf für die Masse war er ein Zeichen für sozialen Status. Je mehr er verdeckte, desto höher war der Rang des Trägers. Die spezielle Wickel- und Falttechnik – von den Chinesen übernommen und von den Japanern perfektioniert – ist aber für alle Outfits gleich, auch für die der Arbeiter.

Zum komplizierten Anziehen eines Kimonos gehören Schichtungen, traditionelle Falten und das achtsame Anbringen der Accessoires. Im Wesentlichen wird das Gewand eng um den Körper gewickelt – die linke Seite über die rechte gefaltet (nur bei Verstorbenen wird andersherum gewickelt) – und mit einem *obi* (Gürtel) gebunden. Dann wird das Zubehör drapiert. Oft und besonders bei Frauen ist ein Kimono-Ankleider gefragt.

Heute wird der Kimono im Alltag nur noch selten getragen. In den Straßen von Kyoto aber, in traditionellen Städten wie Takayama (Präfektur Gifu) oder in *Onsen*-Orten *(siehe S. 210f)* sind sie noch zu sehen. Bei rituellen Übergangsfesten wie *shichi-go-san* (drei, fünf, sieben Jahre), *seijin-no-hi* (Volljährigkeit) und Hochzeiten, aber auch zu Festspielen, Teezeremonien und zum Betrachten der Kirschblüte *(siehe S. 14f)* schmückt man sich mit Kimonos.

Dekonstruierte Eleganz

Inspiriert vom kunstvollen Design alter Zeiten, starteten im späten 20. Jahrhundert junge Modemacher mit neuen Ideen durch. Sie bauten einerseits auf die jahrhundertealte, meisterhafte Materialverarbeitung auf und nutzten die traditionellen Techniken des Drapierens, Faltens, Plissierens und Verzierens, schufen daraus jedoch einen vollkommen neuen, teils revolutionären Modestil. Japanische Modedesigner verblüfften mit revolutionären Laufsteginszenierungen – wie etwa die Schau der Frühlingskollektion des Modelabels Comme des Garçons im Jahr 1982 – und veränderten damit die Welt der Haute Couture nachhaltig.

Visionäre Designer

Bei folgenden Designern verschwimmt die Grenze zwischen Mode und Kunst. Sie zählen zu den einflussreichsten Größen in der japanischen Fashion-Welt.

Issey Miyake Myakes Label Pleats Please machte aus Plissieren eine Religion. Die tragbare und differenzierte Mode ist für Frauen und Männer jeden Alters ein zeitlos raffinierter Look.

Rei Kawakubo Kawakubos Kreationen für ihr Label Comme des Garçons entspringen dem rebellischen und kreativen Geist japanischer Jugendkultur. Die Kollektionen sind schräg, zerrissen, organisch und wallend. Die, die es tragen können, sehen aus wie von einem anderen Stern.

Junya Watanabe Kawakubos Protegé trat in die Fußstapfen seiner innovativen Mentorin. Er verwendet synthetische Stoffe und Techniken, um futuristische, tragbare Kunst zu kreieren.

Yohji Yamamoto Der Meisterschneider studierte erst Jura, bevor er einer der bekanntesten Modedesigner wurde. Seine origamiähnlich strukturierten Outfits sicherten der japanische Avantgarde einen Platz auf der Bühne der Haute Couture.

⌄ Von links nach rechts: *Junya Watanabes Mode wird auch als »Techno-Couture« bezeichnet. Die Kreationen von Rei Kawakubos (Comme des Garçons) inspirieren Designer auf der ganzen Welt.*

Stilikonen

Als Tokyo und Osaka zu Hotspots für internationale Fashionistas wurden, rückte auch der Street Style immer mehr in den Fokus. Die Influencer von heute haben auf den Social-Media-Kanälen eine riesige Gefolgschaft. Etwa die coole Oma Emiko Mori mit ihren bunten Häkel-Outfits oder Coco Pink Princess, die fröhlich Luxuslabels mit Flohmarktfunden kombiniert. Das Ü-60-Paar Mr. Bon und Mrs. Pon stimmt seine stilsichere androgyne Kleidung farblich aufeinander ab. Und auch das Zwillings-Musikduo Amiaya gehört zu den Trendsettern. Einem Gesicht entkommt man in Japan auf keinen Fall, weil es von fast jeder Plakatwand herunterlächelt: Rola, Guccis Muse und Model.

^ Trendsetter: das Musikduo Amiaya in auffällig abgestimmten Looks

Japanische Designer haben die Welt der Haute Couture nachhaltig verändert.

Kaufen Sie ein Werk tragbarer Kunst

Wenn Sie in Japan stylishe Luxusmode kaufen möchten, gibt es keinen besseren Ort als den weiten Boulevard in Tokyos Viertel Ginza. Hier befinden sich einige der weltweit luxuriösesten Flagship-Stores großer Modelabels. Der Stadtteil Omotesando – bis zum noblen Aoyama – ist ein weiterer Hotspot mit seinen exklusiven Kaufhäusern wie dem Takashimaya in Nihonbashi und dem Isetan in Shinjuku. Die hippe Nachbarschaft in Daikanyama bietet genauso viele feine unabhängige Modeboutiquen. Die besten Adressen in Kyoto sind Bal und Isetan, während Chiso Couture-Kimonos im Angebot hat.

Voluminöse Petticoats sind ein Muss für den Lolita-Style.

Fashion Walk

An einem Sonntag im Monat zelebrieren die Anhänger beim Harajuku Fashion Walk die Modekultur der Gegend.

Alles andere als normal

Unkonventionell, herausfordernd und unglaublich faszinierend – Japans alternative Mode hat auf der ganzen Welt bedeutende Designer inspiriert und diente unzähligen Songs und Videos im Westen als Vorlage. Wenn Japan das Zentrum des Street Style ist, dann sind Tokyos Viertel Harajuku und Shibuya das Mekka für alle, die den eher unüblichen Modegeschmack des Landes entdecken möchten. Obwohl die meisten Menschen dort – wie auch überall sonst – internationale Marken und Kleidung tragen, hat man in diesen Stadtteilen die besten Chancen, das kreative Erbe von Japans experimenteller Mode zu begutachten. Denn die Straßen werden zu wahren Laufstegen voller ins Auge stechender Stile, die als künstlerische Ausdrucksform des jeweiligen Trägers fungieren.

Hauptstile

Japans Street Style kommt in allen Formen und Arten daher. Die folgenden gehören zu den beliebtesten.

Rockabilly Diese übertriebene Version des 1950er-Jahre-Looks aus Amerika ist sehr beliebt bei 50- bis 60-jährigen Männern, die sich sonntags in Tokyos Yoyogi-Park treffen.

Dolly Kei Inspiriert von Märchen aus Europa, kleiden sich Mädchen (und Jungen) in einem Stil, der an antike europäische Puppen erinnert.

Fairy Kei Der überspitzt feminine Stil ist ein mehrlagiges Zuckerwerk aus hellen Pastellfarben und einem 1980er-Jahre-Touch.

Lolita Viktorianische und edwardianische Kinderkleidung stand Pate für die Mode, die mehrere Subkategorien wie Gothic und Steampunk hervorbrachte.

^ **Links:** *Eine Haartolle ist ein wichtiger Aspekt des Rockabilly-Stils.* **Rechts:** *Der Lolita-Look schwankt von niedlich-süß (oben) bis zu dunklem Gothic.*

‹ Links: *Der Ganguro-Look wurde durch den Surfer-Stil in Los Angeles inspiriert.*
Unten: *Tokyos Jugend trifft sich am Wochenende oft in Harajuku, um ihre neuesten Outfits zur Schau zu stellen.*

Werden Sie Teil der alternativen Revolution

Tokyos Stadtteil Harajuku ist die geistige Heimat der japanischen Straßenmode, sonntags bevölkern Menschenmassen in den unterschiedlichsten Street Styles den Yoyogi-Park. Osakas Straßenszene – mit Shinsaibashi als Zentrum – gibt sich bewusst unabhängig von Tokyo. Sie ist lauter und skandalöser (viel Glitzer und auffällige Drucke). Okayama (Präfektur Okayama) ist bekannt für hochwertig hergestellten Denimstoff, während Kyoto für seine originelle Interpretation traditioneller Kleidung nennenswert ist. Sapporos Shoppingmeile Tanukikoji ist ein Laufsteg für die Bewohner in lokalen Vintage-Looks.

Gyaru/Ganguro Diese Subkultur (von engl. »gal«, junge Frau) zelebriert typisch weibliche Modeattribute wie hohe Stiefel, schrille Kleidung, auffällige Schminke, übertrieben gebräunte Haut, blond gefärbte Haare und extrem lange Fingernägel.
Harajuku Girls Teils Punk, teils *kawaii* *(siehe S. 124f)*, entstand der beliebte Look nach dem Zweiten Weltkrieg. »Harajuku Girls« wird auch die Tokyoter Jugend genannt, die sich in Harajuku trifft.
Kogal Miniröcke und lockere Strümpfe sind Teil des rebellischen, schuluniformähnlichen Stils. Er wird oft von Mädchen getragen, die am Kaufhaus 109 abhängen.
Mori Personifiziert wird die skurrile wie stylishe Subkultur durch das Modelabel Earth, Music & Ecology. Zu dem elfenhaften, fließenden Look gehören lange Kleider und ein schmachtender Blick.

‹ Links: *Kogal-Mode basiert auf japanischen Schuluniformen.*
Oben: *Der Mori-Stil mit vielen fließenden Schichten.*

Literatur

Poesie und populäre Romane

Japans reiches literarisches Erbe hat weltweit die Fantasie von Autoren und Lesern angeregt. *Haiku* in seiner Kürze fordert uns heraus, seinen Sinngehalt zu verstehen. Die in Japan entwickelte Romanform ist heute das bedeutendste Medium in Japans langer Historie des Geschichtenerzählens.

Haiku

Japans bekannteste Gedichtform war ursprünglich der Eingangsvers eines viel längeren Gedichts. Der klassische *haiku* bestand aus kurzen, dreizeiligen Strophen mit 17 Lauteinheiten und war als vollständige Szene gedacht. Es bedarf großen Talents, Ereignisse oder Gefühle auf eine so kurze Form zu reduzieren, und so wurde der *haiku* als eigenständige Gedichtform populär.

Japans bekanntester *Haiku*-Poet ist Matsuo Basho (1644–1694). Trotz seiner Popularität führte er ein bescheidenes Dasein und verbrachte die meiste Zeit seines Lebens auf Reisen durch Japan und mit dem Niederschreiben alltäglicher Erlebnisse. Er kombinierte literarische Empfindsamkeit mit einer bodenständigen Haltung. Seine *haiku* sind berühmt dafür, Gefühle oder Momente auf ihre Quintessenz zu reduzieren.

Drei Zeilen und die 5-7-5-Silbenstruktur sind die wichtigsten Kennzeichen eines *haiku*. Aber es gibt noch andere: *Kigo* deutet eine Jahreszeit an, *kireji* (Trennwort) ergänzt emotionale Effekte oder stoppt einen Gedankenfluss. Viele moderne Dichter ignorieren die formalen Beschränkungen und ziehen die freie Form *(jiyuuritsu)* vor.

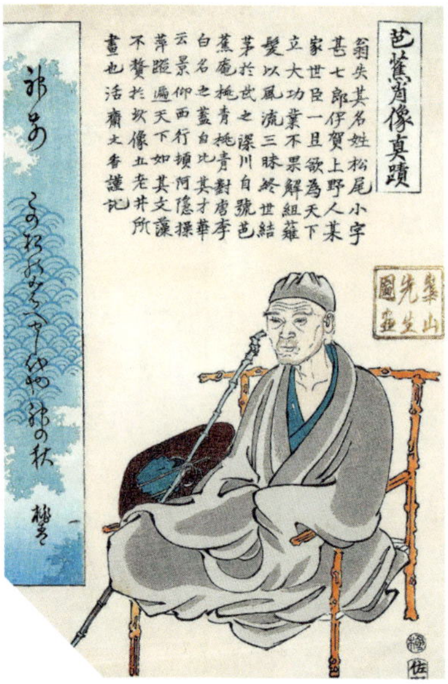

‹ *Basho suchte auf seinen Reisen nach Frieden und Zufriedenheit, die er in der Stadt nicht fand.*

Ein *haiku* von Basho

Basho schrieb seine bekanntesten *haiku* im späten 17. Jahrhundert.

furu ike ya
kawazu tobikomu
mizu no oto

Von diesem Gedicht gibt es viele Übersetzungen, etwa diese von Lafcadio Hearn aus dem Jahr 1898:

Alter Teich
ein Frosch springt hinein
das Geräusch des Wassers

Dank des klaren Bildes, das es zeichnet, dem Sinn für Unmittelbarkeit und der schlichten Munterkeit ist dieses einfache wie elegante Gedicht nach wie vor sehr beliebt.

^ **Reihe oben von links:** *Gemälde von Murasaki Shikibu. Bild einer Szene aus* Heike Monogatari. *Porträt von Natsume Soseki.* **Reihe unten von links:** *Ryunosuke Akutagawa. Eine Auswahl von Haruki Murakamis Werken. Banana Yoshimoto.*

Die besten Werke japanischer Literatur

Von den frühen Anfängen des mündlichen Geschichtenerzählens bis zu beliebten Romanen und den heutigen Mangas *(siehe S. 134–137)* hat Japan über die Jahrhunderte hinweg kontinuierlich wunderschöne Märchen und gedankenvolle Werke produziert. Machen Sie eine Reise durch einige von Japans beliebtesten Texten und lernen Sie die japanische Literatur lieben.

1. Genji Monogatari, Murasaki Shikibu (um 1020): *Die Geschichte vom Prinzen Genji* wurde im 11. Jahrhundert geschrieben und soll der weltweit erste Roman sein. Er reflektiert das edle Leben der Hofdame Murasaki Shikibu am Kaiserhof.

2. Heike Monogatari (um 1330): Dieses Kriegerepos erzählt von der Niederlage des Heike-Clans im Genpei-Krieg (1180–1185). Es handelt von Unvergänglichkeit, Ehre und Gerechtigkeit und ist als klassisches Literaturwerk sowie als historische Quelle überaus bedeutend.

3. Ich der Kater, Natsume Soseki (1905): Der satirische Roman wird aus Sicht einer zynischen Hauskatze erzählt und blickt auf die Vermischung japanischer und westlicher Kulturen in der Meiji-Ära *(siehe S. 30)*. Dank dieses Erstlingswerk zählt Soseki zu den einflussreichsten Autoren Japans.

4. Im Gebüsch, Ryunosuke Akutagawa (1922): Eine der berühmtesten Kurzgeschichten von Akutagawa, nach dem ein bedeutender Preis für Kurzgeschichten benannt ist. In ihr vermischen sich japanische Themen mit eher westlichen Stilen moderner Literatur.

5. Naokos Lächeln, Haruki Murakami (1987): Der Meister japanischer Ich-Romane – eine Art Bekenntnisliteratur – wurde auch außerhalb Japans zu einer literarischen Sensation, nachdem er diesen lyrischen, elegischen und zugleich kritischen Blick auf die Jugendbewegung in den 1960er Jahren warf.

6. Kitchen, Banana Yoshimoto (1988): Der simple Stil von *Kitchen* erinnert an traditionelle japanische Dichtung und ist auch außerhalb Japans ein Hit. In alltäglichen Haushaltsszenarien reflektiert Yoshimoto wichtige Themen wie Trauer, gesellschaftliche Erwartungen und Einsamkeit im modernen Tokyoter Leben.

^ *Von links nach rechts:* *Die* Choju-giga-*Bildrollen sollen Japans erste Mangas sein.* Astro Boy *war der erste im Ausland ausgestrahlte Anime und hat seitdem viele Filme inspiriert.*

Manga und Anime

Ein globales Phänomen

Seit Ende des Zweiten Weltkriegs sind in Japan zahlreiche Animations- und Comic-Werke entstanden. Geliebt für ihre fantasievollen Figuren und komplexen Handlungen, sind diese Medien eine moderne Version von Japans traditioneller Erzählkunst.

Die Entstehung von Mangas

Manga und Anime sind die japanischen Begriffe für Comic und Animation. Einige meinen, Manga sei tief in den frühen Kunstformen des Landes verwurzelt, die auf illustrierte Schriftrollen und den Farbholzschnitt der Edo-Zeit *(siehe S. 84f)* zurückgehen. Die klarsten Manga-Vorreiter waren jedoch Japans bunte Comic-Streifen aus den Jahren vor dem Zweiten Weltkrieg.

Manga ist tief in Japans frühen Kunstformen wie zum Beispiel dem Farbholzschnitt verwurzelt.

In den Nachkriegsjahren nahmen Comic-Veröffentlichungen zu. Damals wurden sie einfarbig auf grobem Papier gedruckt und erschienen in dicken Manga-Sammelmagazinen. Erst später wurden die einzelnen Bände in einem *tankobon* (Einzelbuch) zu einer Geschichte gebunden.

Egal, ob für große Fans oder Wissbegierige – ein Besuch des Kyoto International Manga Museum ist ein absolutes Muss. Highlight ist sicher die Bibliothek des Museums, in deren hohen Bücherregalen Tausende von bunten *tankobon* stehen – ein Zeichen für die große Leidenschaft für die Manga-Welt.

^ *Die meisten Magazine haben eine spezielle Zielgruppe, aber bestimmte Storys und Figuren ziehen Fans aus allen Bevölkerungsschichten an.*

Von Manga bis Anime

Der moderne Anime entstand 1963, als der Manga-Künstler Osamu Tezuka aus seiner erfolgreichen Comic-Serie *Mighty Atom (Astro Boy)* eine Trickfilmversion machte. Die Fernsehserie führte eine bleibende Ästhetik ein, festigte die Verbindung von Manga und Anime und setzte die Standards für die Gestaltung von TV-Animes. Die Firma, die *Mighty Atom* für ihr wöchentliches Werbezeitfenster kaufte, wollte schon allein wegen der billigeren amerikanischen Importe keine hohen Summen für einen Trickfilm zahlen. Tezuka bot seine Serien deshalb weit unter den Produktionskosten an. Er vertraute auf Werbedeals, Merchandise und Auslandsvertrieb, um den Fehlbetrag wieder einzufahren – eine noch immer gängige Praxis.

> *Das Wochenmagazin* Shonen Jump *ist im Ausland so beliebt, dass es bereits in viele Sprachen übersetzt wurde.*

Trickfilmhelden

Überall auf der Welt erhalten Menschen dank Manga und Anime einen Einblick in Japans Kultur. Mit ihren fantasievollen Figuren und Geschichten, die sich über Wochen und sogar Jahre hinziehen können, halten sie die Leser in ihrem Bann. Wegen der überraschend tiefen und teils dunklen Geschichten war *Astro Boy* ein früher Anime- und Manga-Star. Zu ihm gesellten sich aber schnell viele andere Figuren mit einer ergebenen Anhängerschaft. So erschuf etwa Machiko Hasegawa 1946 für einen Zeitungsstrip die Hausfrau Sazae-san. Die Figur bekam 1969 einen eigenen TV-Anime, der heute als Trickfilmserie mit der weltweit längsten Laufzeit gilt. Anfangs eine revolutionäre Serie voll mit fortschrittlichen feministischen Ideen, ist sie heute eine beliebte Nostalgieshow mit Fokus auf das Familienleben im Nachkriegs-Japan.

Das Manga-Magazin *Shonen Jump* ist weltweit bekannt für seine Comics und Animes voller brillanter Figuren. Es veröffentlichte Erfolgsserien wie *Dragon Ball*, *Naruto* und *Death Note* sowie die aktuellen Mangas *Haikyuu!!* – die Story eines Schul-Volleyballteams – und *My Hero Academia*, Japans Version von Superhelden-Comics.

Entdecken Sie Mangas

Mangas füllen Dutzende von Bänden. Wenn Ihnen das für den ersten Streifzug in die japanische Comic-Welt zu viel ist, nehmen Sie sich irgendeinen Band von Hetalia vor. Da diese leichte Comedyserie keinen durchgehenden Handlungsfaden besitzt, spielt die Lesereihenfolge keine Rolle. Jede Figur ist die Personifikation eines bestimmten Landes, was einen interessanten Einblick in die Sicht des japanischen Autors auf fremde Völker und Kulturen bietet.

Der Anime von heute

Auch wenn Mangas normalerweise Ausgangsstoff für Animes sind, geht es auch andersherum. Beide Formate können Adaptionen in vielen anderen Medien inspirieren – von Filmen und Spielen über Romane bis zu Musikalben *(siehe S. 138f)*.

Anime-TV-Serien richten sich hauptsächlich an Kinder. Ein Grund, warum diese in Japan auch am bekanntesten sind. Diese lang laufenden Serien gehören zu den Hauptfernsehsendungen, und sehr oft sind die lachenden Gesichter der wichtigsten Charaktere auch in Anzeigen, auf Verpackungen und Spielzeugen zu sehen.

Eine größere Nische sind Animes für ein älteres Publikum. Viele dieser Serien werden nach Mitternacht ausgestrahlt und meist nur von kleinen Fangruppen geschaut. Diese aber folgen ihren Lieblingssendungen mit Leidenschaft, kaufen auf diversen Messen Fanartikel und verkleiden sich als ihre Lieblingscharaktere *(siehe S. 163)*. Auch wenn es große Kampagnen für diese Serien in den Geek-*(otaku-)*Vierteln großer Städte *(siehe S. 164f)* gibt, gehören sie nicht zur Mainstream-Unterhaltung. Doch trotz des niedrigen Stellenwerts in Japan erhalten die Serien im Ausland eine sehr große Aufmerksamkeit.

Beständiger Schöpfergeist

Manche sehen die Zukunft der Manga- und Anime-Branche mit einer gewissen Skepsis. 1995 erreichten Mangas – mit 40 Prozent aller verkaufter Publikationen – ihren Höhepunkt. 2017 ging der Absatz um mehr als zwei Drittel zurück. Ein möglicher

‹ Der Liebling der Kinder, Doraemon, *ist eine von Japans größten Anime-Lizenzmarken*

‹ *Der Pokémon-Wahn in den späten 1990er Jahren brachte Animes weltweit einer neuen Fangeneration näher.*

Einstieg in die Anime-Welt

Der beste Start, in die Welt japanischer Fernseh-Animes einzutauchen, ist *Fullmetal Alchemist: Brotherhood*. Die kultige Abenteuerserie spielt in einer steampunkigen Welt, in der Alchemie eine bekannte Wissenschaft ist. Die Story beginnt, als das Leben der jungen Elric-Brüder aufgrund eines gescheiterten Alchemie-Rituals auf den Kopf gestellt wird, und nimmt im weiteren Verlauf epische Ausmaße an. Ein Ensemble an einprägsamen Figuren und die Mischung aus Spannung und Comedy machten aus dieser Serie einen Klassiker.

Animes für Ältere sind ein Nischenprodukt, erreichen aber im Ausland größte Beachtung.

Grund könnte die Verbreitung von Smartphones sein, die eine andere Art von Entertainment bieten. Außerdem sind Manga wie Anime von digitaler Piraterie bedroht. Viele westliche Fans greifen online auf die Serien zu, um nicht monatelang auf offizielle Übersetzungen warten zu müssen.

Trotzdem werden Manga und Anime die Hürden des Digitalzeitalters sicher meistern. Streaming-Dienste wie Crunchyroll übersetzen und senden Teilfolgen direkt nach Erscheinen der japanischen Originalversion, und auch Netflix macht Animes für Zuschauer zugänglicher. In Japan ist der kreative Geist von Manga und Anime ungebrochen. Neue Serien ziehen überall Fans in ihren Bann, und alte Favoriten werden in anderen Formaten wiederbelebt.

Tankobon

Mangas starten gewöhnlich als Serien in dicken Sammelbänden. Diese Kapitel kommen dann zusammen als *tankobon* (Einzelbuch) raus.

Fanomania

Ketten wie Animate verkaufen offizielle Merchandise-Produkte, die viele Fans zu Hause horten.

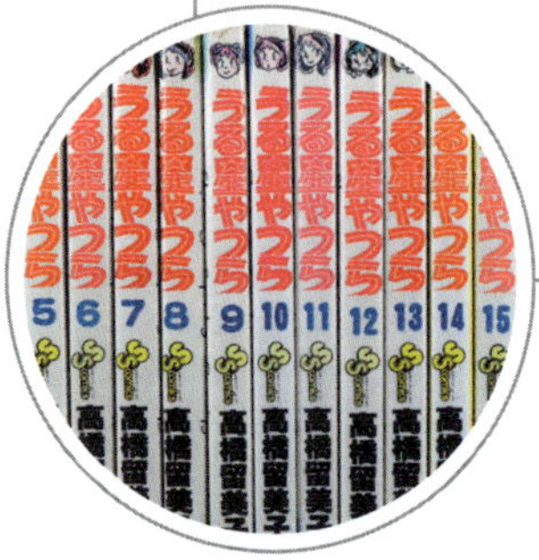

Anime

Aus beliebten Mangas wie *Naruto* wurden Animes und rekrutierten auf diese Weise neues Publikum im In- und Ausland.

Hollywood ruft

Realfilmversionen aus Hollywood generieren ein neues Publikum. Beispiele hierfür sind Kinofilme wie *Attack on Titan* und *My Hero Academia*.

Auf der Bühne

Trotz der komplizierten Spezialeffekte ist keine Serie zu schwierig, um es nicht real auf die Bühne zu schaffen.

Freizeitparks

Die beliebtesten Serien beflügeln auch Freizeitparks zu neuen Attraktionen, so wie im Universal Studios Japan™ oder im Fuji-Q Highland.

Anime-Filme

Wegen ihrer Dynamik sind die Serien Vorlage für zahlreiche lange sowie kurze Animationsfilme.

Spiele en masse

In vielen Videospielen gibt es Einklinker mit Anime-Sequenzen. Digitale Spiele sind so beliebt wie nie.

Themencafés

Cafés mit exklusivem Merchandising und thematischen Menüs sind eine spaßige Art, die Serien mit Freunden und anderen Fans zu erleben.

Licht, Kamera und Action!

Mit Realfilmversionen in den Mainstream-Medien erreichen die Serien mehr Zuschauer als nur die übliche Fangemeinschaft.

Die Entwicklung einer Manga-Serie

Neue Erlebnisse im Blickpunkt

Das Leben eines beliebten Mangas kann weit über die Seiten des Originalmagazins hinausgehen. Eingefleischte Fans wollen stets mehr über ihre Lieblingsfiguren und deren Welt wissen. Und so können die besten Serien in vielerlei Art adaptiert werden. Einige beleuchten den Hintergrund eines Nebendarstellers, andere vertiefen sich in die fiktionale Welt der Geschichte, weitere ermöglichen den Fans, die Serie noch mal ganz anders zu sehen. Von fantasieanregenden Schwarz-Weiß-Zeichnungen bis hin zu Hollywood-Blockbustern, die eine Serie für ein weltweites Publikum zum Leben erwecken – wir zeichnen hier die Reise beliebter Serien, so wie sie sich weiterentwickeln und die Herzen vieler neuer Fans gewinnen.

UNTERHALTSAMES JAPAN

Von traditionellem Theater, Geishas oder Sport zu modernen Zeitvertreiben wie Arcade-Spiele und Karaoke – japanische Unterhaltung bietet viele Möglichkeiten, dem Alltag zu entfliehen. Selbst die traditionellsten Darbietungen wie *Kabuki*-Theater und Kampfkünste haben einen festen Platz in der modernen Gesellschaft. Trotz ihrer historischen Wurzeln gelten sie weder als altbacken noch als überholt, sondern begeistern die Menschen seit Jahrhunderten. Modernere Unterhaltungsformen wie Film und Fernsehen entwickelten sich mit dem technologischen Fortschritt weiter und gewannen über die Jahrzehnte immer mehr an Bedeutung. Im *Godzilla*-Film von 1954 war es anfangs nur ein Mann im Kostüm, aber der Funke, den dieser Nachkriegsklassiker zündete, führte zu einer Explosion japanischer Filme, die Regisseure auf der ganzen Welt inspirierten. In der Welt der Unterhaltung sind auch einige Subkulturen entstanden, etwa J-Pop und *otaku* (Geeks), die schnell in der ganzen Welt Fans fanden und so bei einer ganz neuen Generation zu einer Faszination für Japan führten.

Sport & Unterhaltung

Es ist meist eine Entertainmentform oder eine Sportart, die das erste Interesse an Japan weckt. Einige werden das Land als Kind durch Karatestunden kennengelernt haben oder wegen ihrer Liebe zu J-Pop. Oder aufgrund ihrer Besessenheit von der *Otaku*-(Geek-)Kultur. Egal, wodurch Sie aufmerksam geworden sind, der beste Start, Japan zu ergründen, sind die mit viel Spaß verbundenen Vergnügungsmöglichkeiten. Hier treffen Sie die Einwohner und können einfach mit ihnen in Kontakt treten.

‹ Eine Vision von Tradition
Kyoto ist das Zentrum der Geisha-Welt (siehe S. 150f)*. Erleben Sie elegante Bühnenkunst auf dem Miyako Odori Festival, wo Geishas und ihre Lehrmädchen tanzen und musizieren.*

Entdecken Sie Ihre Geek-Seite
Lassen Sie Ihren inneren otaku in Osakas Viertel Nipponbashi raus. Werfen Sie Ihre eigentliche Shoppingliste weg und kaufen Sie Anime-Produkte und coole Geräte.

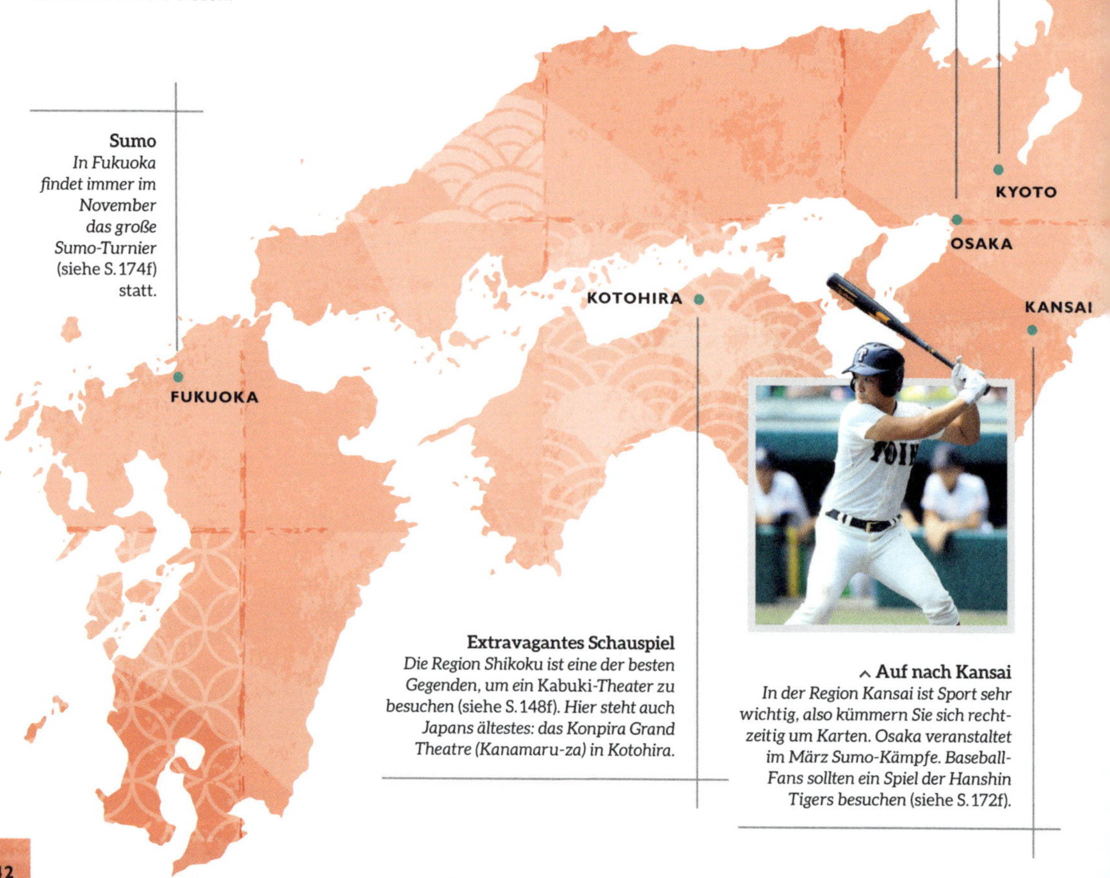

Sumo
In Fukuoka findet immer im November das große Sumo-Turnier (siehe S. 174f) *statt.*

Extravagantes Schauspiel
Die Region Shikoku ist eine der besten Gegenden, um ein Kabuki-Theater zu besuchen (siehe S. 148f)*. Hier steht auch Japans ältestes: das Konpira Grand Theatre (Kanamaru-za) in Kotohira.*

^ Auf nach Kansai
In der Region Kansai ist Sport sehr wichtig, also kümmern Sie sich rechtzeitig um Karten. Osaka veranstaltet im März Sumo-Kämpfe. Baseball-Fans sollten ein Spiel der Hanshin Tigers besuchen (siehe S. 172f)*.*

285 Kilo

wog Konishiki Yasokichi und war damit der schwerste Sumo-Ringer aller Zeiten. Das Durchschnittsgewicht liegt bei 165 Kilo.

^ Filmland Japan
Filmfans werden in Tokyo viel Spaß haben. Das Nationale Filmarchiv zeigt einen restaurierten Animationsfilm aus dem Jahr 1917, das Ghibli Museum führt exklusive Kurzfilme des Zeichentrickfilmstudios auf.

TOKYO

KAMAKURA

> Paradies für Geeks
Das Herz von otaku schlägt in Tokyos Vierteln Akihabara und Ikebukuro (siehe S. 160f).

v Samurai-Sport
Jeden September zeigt das Tsurugaoka Hachimangu Reitaisai Festival in Kamakura Vorführungen von Bogenschießen zu Pferd (siehe S. 177).

Im Baseball-Fieber

Japans Baseball-Wettkämpfe der Oberschulen (»Sommer-Koshien«) sind beliebte jährliche Sport-Events.

Familien-geschäft

No-Theater wurde im 14. Jahrhundert von Kan'ami und seinem Sohn Zeami Motokiyo geschaffen.

< Bei einem No*-Stück sind nur ein oder zwei maskierte Charaktere zeitgleich auf der karg ausgestatteten Bühne zu sehen.*

Japanisches Theater

Eine Mischung aus Tradition und Avantgarde

Der Zugang zu Japans Bühnenkunst mag Menschen ohne Japanisch-Kenntnisse schwierig erscheinen. Aber diese Hürde sollte Sie nicht abschrecken. Die übertriebene Optik und aufregende Atmosphäre des traditionellen Theaters sind allein schon ein unvergessliches Erlebnis. Moderne Überarbeitungen von westlichem Schauspiel sind eine faszinierende Version beliebter Klassiker – auch ohne Sprachkenntnisse.

No-Theater

Die Ursprünge japanischen Theaters liegen in heiligen Shinto-Tänzen, die auf einer kahlen Holzbühne mit einer gemalten Kiefer als Kulisse und einem Baldachin aufgeführt wurden. *No*-Stücke entstanden im 14. Jahrhundert und sind durch ihren mythischen Inhalt, langsame Bewegungschoreografie und maskierte Darsteller definiert. Trommler und Flötenspieler sitzen im Hintergrund der Bühne, über die die Hauptdarsteller mit einstudierter Grazie und Bedacht wandeln – kostümiert in extravaganter Seide und mit bemalten Holzmasken.

Theaterstücke und *kyogen*

Die rund 240 *No*-Stücke aus dem aktuellen Repertoire zeigen die öffentlichen Theater in Tokyo, Nagoya und Osaka sowie bekannte *No*-Schulen wie Kanze in Tokyo. Die Stücke sind in fünf Gattungen unterteilt. Eine typische Vorstellung, die mehrere Stunden dauern kann, zeigt in der Regel von allem ein bisschen. Sie wird von Zwischenspielen unterbrochen. Diese sogenannten *kyogen* sind amüsante Monologe zur Aufheiterung und ein Gegengewicht zu den ernsten *No*-Dramen. Schauspieler beider Formen sind immer Männer. *Kyogen*-Künstler tragen keine Masken und gebrauchen eine weniger formale Sprache.

Kabuki

Kabuki ist die extravaganteste Form klassischer Bühnenkunst. Sie zu sehen ist ein unvergessliches Erlebnis *(siehe S. 148f)*. *Kabuki* soll im 17. Jahrhundert von Izumo no Okuni begründet worden sein. Ihr besonderer Stil, heilige Lieder und Tänze darzubieten, inspirierte viele andere Frauengruppen. Wegen ihrer erotischen Ausstrahlung wurden weibliche Darsteller zwar 1629 von der Bühne verbannt, *kabukis* große Beliebtheit sorgte aber für den Fortbestand – mit männlichen Ensembles. Verkleidete Männer *(onnagata)* übernahmen die Rollen, und der Schwerpunkt verschob sich von Gesang und Tanz zum Drama.

No-Maske

Bunraku

Das japanische Puppenspiel entstand im 17. Jahrhundert in Osaka, das auch heute noch Sitz des National Bunraku Theatre ist. Die Darstellungsform entwickelte sich aus der Erzählkunst der Minnesänger, die beliebte Sagen über berühmte Helden und Legenden rezitierten, begleitet von Musikern auf traditionellen Instrumenten wie *biwa* und *shamisen* *(siehe S. 152)*.

Bunraku-Puppen sind sehr realistisch und etwa ein Drittel bis halb so groß wie ein Mensch. Es braucht drei Personen, um sie zu bewegen: den Puppenspieler, der das Gesicht, den Kopf und den rechten Arm bedient, und die Assistenten für den linken Arm und die Beine. Die Spieler sind schwarz gekleidet und für das Publikum sichtbar. Dank ihres Talents, die Puppen zu führen – das Erlernen dauert Jahre –, »verschwinden« sie aber im Hintergrund. Das Publikum konzentriert sich auf die Bewegungen der Figuren und die Emotionen, die Erzähler und Musiker erzeugen.

Bunraku erleben

Der beste Ort, sich eine *Bunraku*-Vorstellung anzusehen, ist das National Bunraku Theatre in Osaka. Hier gibt es auch Audio-Guides in Englisch und übersetzte Aufführungen, allerdings nur wenige im Jahr, man sollte sich also vorab informieren. Eine gute Einführung in *bunraku* bieten spezielle Stücke für Anfänger. Sie verbinden eine Demonstration der *Bunraku*-Kunst mit dem eigentlichen Stück und werden in verschiedenen Sprachen aufgeführt – perfekt für ausländische Theaterliebhaber.

Theater des Westens neu gespielt

Einige moderne japanische Dramatiker und Schauspieler ließen sich vom westlichen Theater inspirieren und adaptierten Stücke mit leichten Veränderungen in der Erzählung oder Darstellungsart. Der Theaterregisseur Yukio Ninagawa (1935–2016) war führend in der modernen Theaterszene Japans und bekannt für seine Neuinterpretationen von griechischen Tragö-

⌄ Von links nach rechts: Bunraku-*Puppenspieler sind als* ningyotsukai *oder* ningyozukai *bekannt. Sie müssen ihre Bewegungen mit Bedacht koordinieren.*

Wechselseitiger Einfluss

Viele *Kabuki*-Stücke waren ursprünglich für Handpuppen konzipiert. *Bunraku* hat wiederum *Kabuki*-Dramen übernommen.

< **Links:** *Aufführung von Shakespeares* Cymbeline, *inszeniert von Yukio Ninagawa.* **Oben:** *Takarazukas Produktion von* Die Rosen von Versailles.

dien und Stücken Shakespeares. *Macbeth* inszenierte er etwa mit Buddhisten-Gesängen und Hexen in *Kabuki*-Kostümen.

Der Eisenbahnmagnat Ichizo Kobayashi war ein großer Liebhaber westlicher Oper. Er gründete deshalb 1914 das reine Frauenensemble Takarazuka Revue, das heute zu einer der beliebtesten Musiktheatergruppen Japans gehört. Es bringt westliche Musicals und Shows auf die Bühne, die auf bekannten Romanen wie *Vom Winde verweht* oder *Krieg und Frieden* basieren. Millionen von Fans pilgern für ihre Aufführungen zur Ensemblebühne nach Tokyo. Jedes Stück wird jeweils von einer der Gruppen – Blume, Mond, Schnee, Stern, Kosmos und Senka – gespielt. Letztere setzt sich aus den ältesten Mitgliedern zusammen. In jeder Truppe gibt es zwei Starakteure – die von einer Frau übernommene männliche Rolle *otoko yaku* und die weibliche Hauptrolle *musume yaku*.

»2.5D Musicals«

Einer der neuesten Trends im japanischen Theater sind Shows, die auf beliebten Mangas, Animes und Videospielen basieren – eine einzigartige Verschmelzung von zweidimensionalem Comic und dreidimensionaler Bühnenwelt. Dieses Format ist auch als »2.5D Musical« bekannt. Mit aufwendigen Bühnenbildern, Kostümen, Musik- und Spezialeffekten wie Standbildern haucht die Show dem Ausgangsstoff Leben ein. Eine sehr populäre Produktion ist *The Prince of Tennis*, die auf der Manga-Serie von Takeshi Konomi basiert und von einem Tenniswunderkind handelt. Es gibt 20 Show-Varianten, für die schon Millionen von Tickets verkauft wurden.

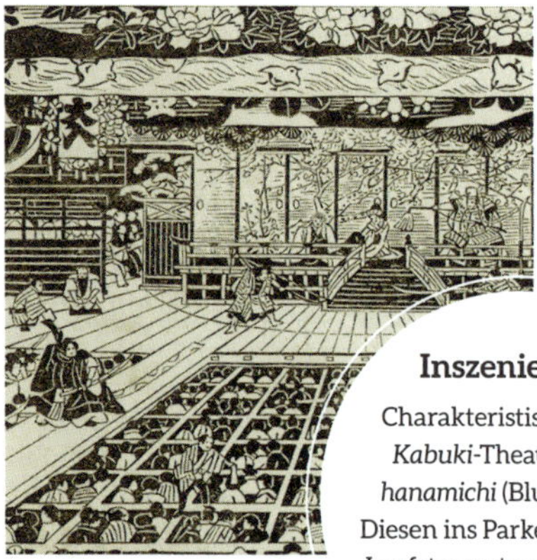

Inszenierung

Charakteristisch für das *Kabuki*-Theater ist der *hanamichi* (Blumenweg). Diesen ins Parkett ragenden Laufsteg nutzen die Akteure für dramatische Auf- und Abgänge.

Schauspielkunst

Große Posen und übertriebene Bewegungen gehören dazu. Um eine schöne Szene zu betonen, frieren die Akteure schon mal zu einem Standbild ein.

Make-up

Dick aufgetragene Schminke stellt das Alter, Geschlecht, die Klasse sowie die Laune und Personalität der Charaktere dar.

Das *Kabuki*-Erlebnis

Genießen Sie eine Live-Performance

Dramatische Handlungsstränge, prächtige Kostüme, viel Make-up sowie beeindruckende Bühnenbilder und Effekte: Der Grund, warum *kabuki* die Zuschauer in seinen Bann zieht und zur herausragenden Form der traditionellen Unterhaltung wurde, ist unschwer zu erkennen. In ganz Japan gibt es viele historische *Kabuki*-Bühnen. Zum Beispiel das wunderbar erhaltene Uchiko-za in Uchiko (Präfektur Ehime) aus dem Jahr 1916 oder das Kanamaru-za (Konpira Grand Theatre) in Kotohira (Präfektur Kagawa), das als Japans ältestes *Kabuki*-Theater gilt. Der beste Ort, sich eine Vorstellung anzusehen, ist aber Tokyos gefeiertes Kabuki-za, das fast täglich *Kabuki*-Shows zeigt. Die auffällige Theaterfassade – geschmückt mit roten Laternen und lila Bannern – steht im perfekten Einklang mit der schönen Schauspielkunst im Inneren des Gebäudes. Wenn die Sprachbarriere Sie einschüchtert, können Sie auch ein Ticket nur für einen Akt kaufen. So können Sie die spektakuläre Schau genießen, ohne dem Handlungsstrang folgen zu müssen. Es gibt außerdem eine englische Zusammenfassung im Programm, und der »G-Mark Guide« im Kabuki-za bietet komplette Drehbuchübersetzungen an. Es gilt zwar eigentlich als unhöflich, während der Vorstellung zu sprechen. Trotzdem wird es passieren, dass Zuschauer plötzlich und laut den Namen eines der beliebten Akteure rufen. Dieses Verhalten, *kakegoe* genannt, gehört zu einem *Kabuki*-Erlebnis dazu.

‹ Kabuki *ist extravagant und bunt – mit großer Bühne und großem Ensemble. Die Hauptakteure sind Stars und stammen oft aus berühmten Schauspieldynastien.*

Odori

Jedes Jahr finden in allen Geisha-Vierteln öffentliche Tanzveranstaltungen – *odori* – statt, in Kyotos Viertel Gion das Miyako Odori (April) und in Pontocho das Kamogawa Odori (Mai).

‹ Von links nach rechts:
In Kyoto sind Geishas in Ausbildung als maiko *bekannt.*
Tanz ist eine der Künste, die eine Geisha beherrschen muss.

Die Welt der Geishas

Ein Nachhall der Vergangenheit

Entgegen allen falschen Vorstellungen: Eine Geisha ist keine Kurtisane. Der Arbeitsalltag dieser hoch qualifizierten Unterhaltungskünstlerin ist voller Mittag- und Abendessen sowie regelmäßigem Training in Musik, Tanz und Konversation. In Teehäusern und erstklassigen Traditionslokalen unterhält sie ihre Kunden, hochrangige Geschäftsleute und Politiker. Das Gros der Japaner hatte deshalb noch nie Kontakt mit einer Geisha.

Geisha werden, Geisha sein

Während es in den 1920er Jahren noch geschätzt 80 000 Geishas gab, sind es heute nur noch etwa 1000. Die fünfjährige Ausbildung beginnt mit 15 Jahren. Diese erfordert das Leben in einem *okiya* (Geisha-Wohnheim) sowie ein hartes Training in traditionellen Künsten wie Tanz, Musik *(siehe S. 152f)*, Teezeremonie *(siehe S. 198f)*, *ikebana (siehe S. 74f)* und Literatur *(siehe S. 132f)*. Auszubildende zu sein, heißt aber auch wöchentliche Besuche beim Friseur (kein Waschen dazwischen), wenig Kontakt zu Familie und Freunden und kein Handy. Erst mit Erreichen des Geisha-Status sind mehr Freiheiten gestattet, vielleicht sogar eine eigene Wohnung. Sobald Geishas heiraten, müssen sie ausscheiden.

Geisha-Viertel

Seit jeher hat es regionale Unterschiede in der Kultur der Geishas gegeben, gemeinsam sind ihnen aber die Viertel *(hanamachi)*, in denen sie wohnen, arbeiten und studieren. Die bekanntesten *hanamachi* liegen in Kyoto, mit Gion als dem größten und renommiertesten. Offizielle Termine mit einer Geisha zu bekommen, ist extrem schwer, aber man kann einen Blick auf sie und ihre Lehrmädchen auf dem Weg zu Kunden erhaschen. Im heutigen Hightech-Japan wirken sie wie Erscheinungen aus einem Farbholzschnitt *(siehe S. 84f)*: mit puderweißen Gesichtern, alarmierend roten Lippen und kunstvoll frisiertem Haar, das mit hängendem Schmuck und Seidenblumen verziert ist.

^ Geishas werden an verschiedenen Musikinstrumenten ausgebildet.

> *Im heutigen Hightech-Japan wirken Geishas wie Erscheinungen aus einem Farbholzschnitt.*

> *Zu den traditionellen Instrumenten zählen* shamisen *(Laute),* fuye *(Flöte) und verschiedene Trommeln.*

Japanische Musik

Von spirituellen Wurzeln zu modernen Idolen

Beeinflusst vom Westen und doch typisch japanisch: Die Musik des Landes wird Sie unterhalten, begeistern und inspirieren. Ob Sie nur kurz reinhören oder ganz eintauchen – auf Ihrer Entdeckertour werden Sie Ähnlichkeiten und Kuriositäten finden. Mit Stilen wie traditionell und spirituell über experimentell und avantgardistisch bis hin zu beschwingtem und schrullig-verspieltem Pop ist für jeden etwas dabei.

Der traditionelle Klang

Frühe japanische Musik lässt sich bis zu *gagaku* zurückverfolgen, einer Art klassischer Musik, die am kaiserlichen Hof als Begleitung dramatischer Vorstellungen gespielt wurde. Die Musik war meist sparsam und abhängig vom Bühnengeschehen. Auch buddhistischer Ritualgesang *(shomyo)* war ein wichtiger Teil der musikalischen Anfänge. Ein zentrales Element beider Stile war das *hyoshigi*, ein einfach aussehendes Instrument aus zwei Holzklötzen, die beim Zusammenschlagen einen tonalen Klang ergaben. Dieses Geräusch ist nicht nur Teil von Japans traditioneller Musik, sondern auch heute noch Bestandteil des *No*-Theaters *(siehe S. 145)*. Jenseits des Kaiserhofs

Der tonale Klang von hyoshigi *ist Teil des Stoffs, aus dem traditionelle Musik gemacht ist.*

^ **Von links nach rechts:** *Izumi Yukimura, Chiemi Eri und Hibari Misora waren drei von Japans Top-Popsängerinnen der Nachkriegszeit.*

Der Inbegriff von *enka*

Für einen Einstieg in *enka* sollten Sie sich Hibari Misoras *Kawa no Nagare no Yo ni* (»Wie der Fluss des Wassers«) anhören. Die gefühlvolle Ballade wurde in Japan bereits mehrmals zum besten Song aller Zeiten gekürt, gilt als bestes Beispiel für ein spätes *Enka*-Werk und ist heute so beliebt wie bei seinem Erscheinen 1989.

und der Hohen Künste entwickelten einfache Leute ihre ganz eigene Volksmusik. *Joruri* – ein Musik- und Rezitativ-Stil – war in allen Schichten sehr beliebt.

Vor dem Durchbruch moderner Musik erfreute sich eine weitere bedeutende Richtung großer Beliebtheit: *enka*. Sie galt Anfang des 20. Jahrhunderts als musikalische Form der politischen Meinungsverbreitung. Die sentimentalen Lieder waren Basis für die beliebte japanische Schlagermusik. *Enka*-Sänger arbeiteten viel mit schwingender Stimme und Vibrato – wie man sie heute aus der R&B-Musik kennt.

Der Beginn einer neuen Ära

Im 20. Jahrhundert wurden ausländische Musikformen in die traditionelle Musik integriert. Aus Hawaii, Japans amerikanischem Nachbarn, wurden in den 1950er Jahren hawaiianische und amerikanische Elemente ins späte *enka* übernommen, das seine absolute Blüte mit frühem westlichem Rock 'n' Roll hatte. Der 1961 erschienene Song *Ue o Muite Aruko* von Kyu Sakamoto gilt als erster wichtiger Titel der neuen japanischen Musik. Dieser Evergreen, eine Mischung aus *enka* und J-Pop, präsentiert von einem Schlagersänger im Elvis-Look, bleibt wohl der einzige japanische Song, der jemals die US-Charts angeführt hat. Im Westen wurde er in *Sukiyaki* umbenannt – nicht weil er etwas mit dem Fleischeintopf *sukiyaki* zu tun hat, sondern weil es einfacher auszusprechen war.

^ *Saburo Kitajima ist einer von Japans populärsten* Enka-*Sängern.*

Das Zeitalter von J-Pop

J-Pop ist ein immens einflussreiches Musikgenre, das sich in den 1990er Jahren etablierte. Ursprünglich stand der Name für alle Formen von Popmusik – bis auf *enka*. Heute sind damit eher quirlige Chartsstürmer mit eingängigen Rhythmen und einfachen, fast klischeehaften Texten – oft von Tanzchoreografien begleitet – gemeint. Dank der melodischen Songs und griffiger Ohrwürmer ist J-Pop ein wichtiger Bestandteil der japanischen Musikkultur – und das trotz des Einflusses des R & B-ähnlichen K-Pop (koreanischer Pop), auch ein Musikindustrie-Riese, der über die Welt dudelt.

Im Rhythmus der Musik

Ein Konzert live mitzuerleben, ist immer aufregend. *Wotagei* stellt dieses Erlebnis auf die nächste Stufe. Die *wota* (J-Pop-Fans) führen den energiegeladenen Tanz auf, singen und wedeln mit bunten Leuchtstäben – ein besonders bemerkenswerter Anblick, wenn das ganze Publikum mit einstimmt. Wenn Sie *wota* in Aktion sehen möchten, besuchen Sie in Japan Livekonzerte von einer oder zwei Bands. Extrem erfolgreich sind zum Beispiel SMAP, Arashi und Glay, die ihr Best-of-Album 4,8 Millionen Mal verkauft haben und mit 200 000 Besuchern den Publikumsrekord für ein Livekonzert halten. Aber Gruppen sind nicht alles. Sängerin Hikaru Utada ist eine der bekanntesten J-Pop-Künstlerinnen außerhalb Japans. Auch Kyary Pamyu Pamyu ist ein populäres Sternchen, das von japanischen Teens für die eingängigen Melodien, die zuckersüßen Texte sowie den hyperniedlichen Harajuku-Stil *(siehe* *S. 130f)* vergöttert wird.

Wenn schnöde Popmusik nicht Ihr Ding ist, gibt es eine Vielzahl japanischer Interpretationen unterschiedlichster Musikstile. Babymetal zum Beispiel. Diese Band steht für die scheinbar unmögliche Verschmelzung von supersüß und Death Metal. Aus-

‹ Von links nach rechts: *Sängerin Kyary Pamyu Pamyu ist die Queen der »süßen« Ästhetik. Glay ist eine der berühmtesten Rockbands Japans.*

^ *Mosaic gehört zu den vielen Veranstaltungsorten in Tokyo, in denen Livemusik gespielt wird.*

staffiert ist das weibliche Trio als Gothic Lolitas im Dolly-Kei-Chic *(siehe S. 130)*. Dank ihres unglaublichen Talents und der Songqualität wird ihre Musik jedoch nicht von ihrem Modestatement überstrahlt. Mit ihrer Begleitband Kami Band rocken sie die Bühnen der Live-Arenen.

Einstieg in die Live-House-Szene

Die Welt der Popstars ist die eine, die moderner Musik, die breit gefächert und vielschichtig ist, die andere. Fern des Mainstreams entstanden in Japan Experimentalmusik, Electronica und Melodic Pop und mischten sich mit Hip-Hop, Dub und Rave. Wer in diese Klangwelt abtauchen will, besucht am besten ein Live-House. In diesen japanischen Institutionen werden Jazz, Electronica, Heavy Rock, Trash Metal, Folk und Punk – oft auch als Stil-Cocktail – gespielt. Manche Performer hätten ihren Beruf nicht für die Bühne aufgeben sollen. Von anderen glaubt man kaum, dass sie in einer so winzigen Spielstätte auftreten. Ein Live-House ist meist klein und dunkel. Die Menschen kommen, um Musik zu hören – eine ernste Angelegenheit, viele Zuschauer nehmen nicht mal einen Drink. Die bekanntesten Bands, die in diesen Clubs spielen, sind nur selten außerhalb dieses Dunstkreises bekannt, was ihren Auftritt zu einem ganz speziellen Erlebnis macht – ein Mikrokosmos von Kreativität und Wertschätzung. Die Shows starten meist am frühen Abend mit einem Line-up von fünf Gruppen und enden rechtzeitig, um noch die letzte Bahn zu erreichen oder in einer Bar die Nacht ausklingen zu lassen.

Die Band Babymetal steht für die scheinbar unmögliche Mischung von supersüß und Death Metal.

Treffen mit Fans

Akushukai – sogenannte »Handshake«-Events – bieten Fans die Möglichkeit, ihre Idole zu treffen.

Image

Die meisten Bands haben das Image, jung, süß und unschuldig zu sein, was sich auch in ihren Outfits und striktem Verhaltenskodex widerspiegelt.

Wahl der Lieblinge

AKB48-Fans können für ihre Bandlieblinge in der jährlichen Senbatsu-Wahl voten.

Ultimative Popsternchen

Einflussreiche Girl-Bands

Seit Anfang des Jahrtausends sind Mädchen-Popidol-Bands in Japan dick im Geschäft. Zwar haben auch Boybands eine große Anhängerschaft, das ist aber nichts verglichen mit dem, was rund um ihre weiblichen Kollegen, den *aidoru* (Idol), veranstaltet wird. Sie ziehen Massen an, von denen sie wie Götzenbilder verehrt werden. Die Japaner nennen das Phänomen »Idol sengoku jidai«: Kriegsära der Idole. Das klingt wie eine Geschichtsepoche – und nach dem Geld, das es einbringt, und den Dramen, die es schafft, könnte das sogar stimmen.

Die absoluten Königinnen sind die Mädels von AKB48. Die Band wurde 2005 in Tokyos Geek-(*otaku-*)Paradies Akihabara *(siehe S. 160f)* gegründet und ist das Nonplusultra an vorgefertigtem Pop. Starproduzent Yasushi Akimoto castete die Band und baute den Mädchen eine eigene Bühne (in Akihabara). Hier finden nicht nur fast täglich Shows statt, sondern auch Handshake-Treffen mit den größten Fans. Um diesen Anforderungen gerecht zu werden, hat die Band mehr als 100 Mitglieder. Die Teens und jungen Twens werden in Teams aufgeteilt, wobei jede Gruppe ein eigenes Thema und eine spezielle Farbe hat. Die Band ist der bestverkaufte Act in Japan und belegt seit 2011 jedes Jahr die ersten vier Plätze der Single Charts. Nach zahlreichen Abspaltungen gibt es weitere »48 Gruppen« in Japan sowie in anderen asiatischen Ländern.

< **Von links im Uhrzeigersinn:** *Fans von Popidolen. Die Band Perfume. Ein Plakat von AKB48 in Akihabara. AKB48-Mitglied Mayu Watanabe. Ein Konzert von AKB48.*

‹ Shimbashi ist ein beliebtes Nightlife-Viertel in Tokyo

Nachtleben

Von der Abenddämmerung bis zum Morgengrauen

Wenn die Sonne untergeht, verwandeln sich Japans Straßen im grellen Glanz der Neonlichter. Das Land hat – von frenetischen Feierclubs bis zu gechillten Livemusik-Events – alle üblichen Nightlife-Angebote. Für echte japanische Partynächte sind *izakayas* oder eine Karaoke-Bar ein Muss.

Izakaya

Izakaya ist – halb Bar, halb Restaurant – eine Art japanische Kneipe. Die Idee entstand in den Sake-Läden, die auf der Theke kleine Häppchen zu den Drinks boten und so zu beliebten Orten für alle wurden, die nach Feierabend Gesellschaft suchten. Üblicherweise finden Sie *izakayas* in der Nähe von Bahnhöfen oder in Vergnügungsvierteln. Die Stimmung ist lebendig mit viel Stimmengewirr und sorgt für den perfekten Ort, um einen langen und gelassenen Abend zu genießen. Nehmen Sie Platz, bestellen Sie einige Sake *(siehe S. 202f)* und arbeiten Sie sich durch die appetitliche Angebotspalette von Gerichten im Tapas-Stil.

Karaoke-Kultur

Die Ursprünge von Karaoke sind in den Singcafés *(utagoe kissa)* zu finden, die in den 1950er bis 1970er Jahren sehr populär

^ *In japanischen Kneipen* (izakaya) *kommt man schnell ins Gespräch und kann einfache Gerichte genießen.*

^ *Karaoke-Bars sind gesellige Orte für unterhaltsame Feierabende.*

waren. Mittlerweile ist Karaoke ein weltweites Phänomen. Vor seinen Freunden zu stehen und zur Playback-Musik zu trällern, mag für einige ein Albtraum sein. Für die hart arbeitenden Japaner aber ist es eine Möglichkeit, Dampf abzulassen. Es wird sogar nicht selten als Übung zur Teambildung genutzt. Kompetenz zählt nicht, und oft bekommt der schlechteste Sänger den größten Beifall. In den meisten Karaoke-Bars können Sie eine private Kabine buchen. So brauchen Sie nicht zu fürchten, vor Fremden singen zu müssen. Dort kann man auch Speisen und Getränke ordern. Die meisten Japaner brauchen aber keinen Alkoholspiegel, um ihre Karaoke-Hemmschwelle abzubauen. Für sie ist es ein Gemeinschaftserlebnis, das Feierabendstimmung mit dem Unterhaltungswert von gemeinsamem Singen verbindet.

Einen Versuch ist es wert

In jeder städtischen Umgebung Japans werden Sie die Qual der Wahl haben, sollten Sie eine Karaoke-Bar für die abendliche Unterhaltung suchen. Wenn es um die Technologie und die Einweisung geht, sind Big Echo und Joysound eher für Ausländer geeignet. Aber auch in anderen Bars wird Ihnen mit Freude die Handhabung erklärt. Fast immer gibt es auch englische Texte. Joysound hat seit 2010 ein Best-of internationaler Songs im Karaoke-Programm.

Wichtige Begriffe

Juhachiban: Der Song, den Sie beim Singen so richtig gut beherrschen. Wenn Sie noch keinen haben: Karaoke hilft Ihnen, einen zu finden.

Karamovie: Das Musikvideo, das während des Karaoke-Songs gezeigt wird – meist eine retroanmutende Schöpfung der Karaoke-Firmen, da die Originale zu teuer sind.

Hitokara: Ein-Mann-Show; nicht so häufig wie Singen in der Gruppe, aber manchmal müssen Sie Ihren *juhachiban* allein üben.

Leidenschaftliches Japan

Ein Freudenfest für Geeks

Japans kleine, aber leidenschaftliche *Otaku*-(Geek-)Subkultur wurde in den 1990ern weltweit bekannt, als Animes im Ausland beliebter und zugänglicher wurden *(siehe S. 134–137)*. Die neuen Generationen, die mit einer täglichen Dosis an Videospielen, Animes und Mangas aufwuchsen, träumen von einer Pilgerfahrt nach Japan, wo es ganze Stadtteile voller Läden, Restaurants und Attraktionen gibt, die einzig auf die Bedürfnisse der *Otaku*-Kunden ausgerichtet sind.

Definition von *otaku*

Es war der Essayist Akio Nakamori, der 1983 den Begriff »otaku« prägte. Er wurde anfänglich abschätzend zur Beschreibung von Menschen gebraucht, die von etwas besessen waren, was die Allgemeinheit für ziemlich närrisch und unreif hielt: sei es Manga, Puppen oder Videospiele. Diese negative Sichtweise hielt sich über Jahrzehnte. Und obwohl die Geek-Kultur des 21. Jahrhunderts nun allgemein akzeptierter ist, sehen viele Japaner dieses Thema nach wie vor mit gemischten Gefühlen. Deshalb behalten viele *otaku* ihre Hobbys auch immer noch für sich. Ausländische Fans dagegen haben den Begriff voll und ganz angenommen. Für sie ist der Titel *otaku* eine Auszeichnung. Stolz erklären sie sich als eingefleischte Fans einer besonderen Leidenschaft.

⌄ Von links nach rechts: *Spielhallen wie Club Sega und Taito Station sind überall in Japan zu finden.*
Tokyos Akihabara-Viertel ist ein Hotspot für Spielhallen und Otaku-*Dinge.*

< *Das Gundam Café in Tokyos Viertel Akihabara ist der Anlaufpunkt für Fans von gundam, einem Science-Fiction-Universum gigantischer Roboter* (mechas).

Spielhallen

Früher gab es fast in jeder Stadt auf der Welt Spielhallen. Heute existiert diese Szene fast nur noch am Set von 1980er-Jahre-Filmen, denn überall haben Heimkonsolen, Computersoftware und tragbare Geräte das Zepter übernommen. Nicht so in Japan. Dort blüht das Geschäft mit Spielhallen noch immer, auch dank der Betreiber, die eine Atmosphäre schaffen, die ihresgleichen sucht.

Die Hallen sind zwar unterschiedlich groß, der Grundaufbau ähnelt sich aber. Im Erdgeschoss stehen Spiel- und Kran-Automaten, die wahrscheinlich eher zufällige Passanten, junge Pärchen und Familien anziehen. Weiter oben warten Dauerbrenner wie Schieß-, Kampf- und Musikspiele. Und ganz oben steht meist ein *Purikura*-Fotosticker-Automat *(siehe S. 103)*, ein Muss für einen Schnappschuss.

Der Schlüssel zum andauernden Erfolg der Spielhallen ist der technische Fortschritt. Der aktuellste Trend ist virtuelle Realität (VR). Die meisten VR-Spielhallen stehen in Tokyo und erfordern von den Besuchern leichte japanische Sprachkenntnisse – oder Sie sehen es als Spaß und improvisieren einfach.

Realitätsflucht in einem Themencafé

Das erste Maid Café mit Kellnerinnen im Dienstmädchen-Look war 1998 ein kurzfristiges Pop-up. Die bleibende Version wurde 2001 in Tokyos Viertel Akihabara eröffnet. Themencafés sind in *Otaku*-Gegenden seitdem zum Standard geworden. Hier können Fans in ihre favorisierte Hobby-Welt abtauchen. Einige Läden widmen sich speziellen Franchise-Figuren, während andere wie die Animate Cafés (mit 25 Filialen in ganz Japan) ihre Themen wechseln und sich jedes Mal auf einen anderen Anime fokussieren. Beide Cafétypen haben thematisierte Speisekarten und verkaufen limitierte Merchandising-Produkte.

Kellnerin im Dienstmädchen-Look

› Viele Fans kommen mit Koffern zur Comiket, um darin die Merchandising-Produkte zu verstauen, die sie kaufen.

Der Veranstaltungskalender

Für *otaku* aller Art gibt es das ganze Jahr über spannende Events und Messen, auf die sie sich freuen können. Hier erfahren sie Neuigkeiten über ihre Hobbys, können neue Produkte kaufen und Freunde treffen. Frönen Sie Ihrer Neigung und schließen Sie sich auf einer der Veranstaltungen den eifrigen *otaku* an – es kann ein großartiger Ort sein, Gleichgesinnte zu treffen, vor allem seit einige dieser Events mehr als 100 000 Teilnehmer anziehen.

Auf dem BitSummit (Juni) und der Tokyo Game Show (September) können Sie die aktuellsten Spieleneuheiten ausprobieren und alles über die neuen Fortsetzungen Ihrer beliebten Videospielserien erfahren. Jump Festa (Dezember) legt den Fokus stattdessen auf die neuesten Mangas des meistverkauften Magazins *Shonen Jump* *(siehe S. 135)*. Die Nischenevents Dolls Party (Mai) und I Doll (mehrmals im Jahr) locken Tausende von Fans der beliebten Puppenmarken Dollfie und Pullip an.

Der *Dojin*-Markt

Für viele *otaku* ist das Sammeln offizieller Merchandising-Artikel wichtig. Aber es gibt auch ein riesiges Interesse an von Fans produzierten Artikeln, die beliebte Mangas oder Animes thematisieren. Diese *Dojin*-Produkte können Romane oder Videospiele sein. Verkaufsschlager aber sind Comics. Die Kreativen sind meist selbst begeisterte Anhänger einer Serie und produzieren die *Dojin*-Comics hobbymäßig. Einige aber sind aufstrebende Manga-Autoren oder -Künstler. Da diese Produkte copyrightgeschützte Storys und Figuren verwenden, sind *dojin* eigentlich illegal. Überraschenderweise sehen die Verlage aber darüber hinweg. Für die Manga-Industrie ist es eine Win-win-

‹ Auf der Tokyo Game Show werden neues Virtual-Reality-Equipment und Spiele gezeigt.

Situation, schließlich ist die *Doji*-Community eine Brutstätte für Talente und schürt das Faninteresse an neuen Serien. Oft gibt es in den *Otaku*-Vierteln *(siehe S. 164f)* Läden (wie Mandarake und K-Books), die ausschließlich *Dojin*-Produkte führen. Ein extrem populäres, unabhängiges Comic-Event, auch für *Dojin*-Produkte, ist die Comiket, die zweimal im Jahr (meist August und September) in Tokyo stattfindet.

Kleider machen Cosplayer

Sich als seine Lieblingsfigur zu verkleiden, ist keine rein japanische Idee und seit Mitte des 20. Jahrhunderts Teil der Geek-Fangemeinde. Untrennbar mit der *Otaku*-Community verbunden ist dieses Hobby, seit Fans auf der ersten Comiket in den 1970ern begannen, Kostüme zu tragen. Das Kunstwort »cosplay«, eine Zusammensetzung aus »costume« und »play«, wurde 1983 von dem Filmproduzenten Nobuyuki Takahashi geprägt und wird heute weltweit von Geek- und *Otaku*-Gemeinden verwendet. Vielleicht finden Sie ja Läden, die Kostüme, Perücken und Zubehör verkaufen. Hardcore-Cosplayer schneidern ihre Kostüme jedoch selbst – von Schuluniformen bis zu Rüstungen.

Viele *Otaku*-Messen wie die Comiket haben eigene Cosplay-Bereiche, in denen sich Fans treffen und Fotos machen können. Jeden Monat finden im ganzen Land Cosplay-Veranstaltungen statt. Überraschenderweise sind die beiden wichtigsten Treffen nicht in den *Otaku*-Vierteln in Tokyo. Eines ist das Nipponbashi Street Festa in Osaka (März) mit einer Parade aus 1000 bunten Cosplayern. Im Juli reisen *otaki* aus der ganzen Welt zum World Cosplay Summit in Nagoya (Präfektur Aichi), um die Cosplay-Kultur zu feiern.

^ Japanische Animes, Mangas und Videospiele sind eine übliche Inspiration für Cosplay, aber man trifft auch auf westliche Verkörperungen von Disney-Charakteren und Marvel-Superhelden.

> *Für* otaku *gibt es ganzjährig eine Reihe an spannenden Events, auf die sie sich freuen können.*

Otaku-Viertel

Shoppen im Geek-Zentrum

Tokyo ist Japans unbestrittene Geek-Hauptstadt. Egal, ob gigantische Reklametafeln für Videospiele oder öffentliche Aufklärungskampagnen mit beliebten Manga-Charakteren, Sie werden der *Otaku*-Bildsprache nicht entkommen. Selbst die Melodien in den Bahnhöfen sind manchmal populären Animes entliehen. Echte *otaku* aber sollten sich ein paar Tage Zeit nehmen und die fabulösen und geekigen Gegenden Akihabara *(rechts)* und Ikebukuro erkunden. Erstere ist auch als Akiba bekannt und hat Shops für alle Arten von *okatu* – egal, ob Fans von *mecha* (Roboter) oder J-Pop-Idolen. Ikebukuro währenddessen ist das Mekka für Shopper. Aber auch hier wimmelt es von geekigen Zauberwelten, die sich hauptsächlich an weibliche Anime- und Manga-Fans richten. Das elegante Swallowtail Café zum Beispiel ist die weibliche Antwort auf die eher männerorientierten Maid Cafés in Akiba.

Wo auch immer Sie in Japan sind, halten Sie Ausschau nach dem blauen »Animate«-Schild. Jede Location dieser nationalen Kette ist wie eine kleine *Otaku*-Schatzkammer voll mit den aktuellsten Anime-Gegenständen.

Jenseits von Tokyo

Für etwas *Otaku*-Spaß außerhalb der Hauptstadt schauen Sie im Nipponbashi-Distrikt in Osaka vorbei oder fahren Sie nach Osu in Nagoya (Präfektur Aichi).

> Von links nach rechts: *Regelmäßige Fernsehübertragungen gibt es in Japan seit 1953. Viele Historienfilme basieren auf Romanen oder Comics oder sind wie 13 Assassins von 2010 Remakes älterer Filme.*

Japan in Film und Fernsehen

Typische japanische Genres

In der zweiten Hälfte des 20. Jahrhunderts gelangte Japans produktive und einflussreiche Medienindustrie dank der Entwicklung neuer Techniken, moderner Genres und bewegender Geschichten zu weltweitem Ruhm.

Die Wahrheit über Spielshows

Japanisches Fernsehen gilt oft als schrill und skurril, dominiert von Sci-Fi-Animes *(siehe S. 134–137)* und undurchschaubaren Spielshows. Es sind aber die abwechslungsreichen Unterhaltungsshows und ernste Historienfilme, die das Landesfernsehen ausmachen.

Das ausländische Bild japanischer Spielshows als ein bizarrer Mix aus energiegeladenen Interviews, Slapstick-Comedy und knallbunten Überleitungen festigte sich 2003 durch *Matthew's Best Hit TV* im Film *Lost in Translation*. Diese Spielshows existieren wirklich und sind sehr beliebt. Allerdings sind sie nur Teil größerer Unterhaltungsshows. Diese etablierten sich im japanischen Fernsehen in den 1950er Jahren, manche von ihnen haben sich seitdem nicht verändert. Das Genre hat seine Wurzeln zum Teil in japanischen Theatertraditionen wie etwa *kabuki* mit seinem übertriebenen Minenspiel. Komödiantische Spiele und Sketche der *owarai* (Komiker) zeigen starke Verbindungen zu *rakugo* (komische Monologe). Neben den Comedians kann eine Show auch Reisereportagen, musikalische Darbietungen, Interviews, Wettkämpfe und sogar investigative Elemente

Die Wurzeln von Japans Unterhaltungsshows liegen zum Teil in der Theatertradition des Landes.

enthalten. Die Reaktionen des Publikums werden oft während der Sendung in einem kleinen Kasten am Bildschirmrand gezeigt.

Historische Dramen

Bildschirm oder Leinwand – Historienfilme *(jidai-geki)* gehören zum Big Business. Viele fallen unter den Sammelbegriff *chanbara*. Diese »Samurai-Filme« handeln meist vom Bemühen der Samurai, in einer sich wandelnden, meist feindlichen Welt nach ihrem Moralkodex zu leben. Es ist eines der bekanntesten Subgenres. Es gibt aber auch andere wie Romanze, Politik und Komödie.

Wenn Sie ein *Jidai-geki*-Filmset besuchen möchten, fahren Sie in den Toei Kyoto Studio Park in Kyoto. Dort können Sie Kostüme oder Kimonos anprobieren, Aufführungen verfolgen und epochenbezogene Attraktionen wie ein mit Ninja-Fallen ausgestattetes Haus besuchen.

Adaptionen im Westen

Sie haben vielleicht noch keine japanische Sendung gesehen, beinahe sicher aber etwas, das auf ihnen basiert. Hier sind einige, von denen Sie gehört haben könnten:

Pleiten, Pech und Pannen Die japanische TV-Sendung *Kato-chan Ken-chan Gokigen TV* war Vorlage für bekannte Serien wie *America's Funniest Home Videos* und *You've Been Framed*, bei denen Zuschauer lustige Amateurfilme einsenden.

Ninja Warrior Diese extrem schweißtreibende Wettkampfshow startete in Japan als ein Hindernis-Parcours in der Sendung *Sasuke* und wurde weltweit kopiert.

Ab durch die Wand Der Klassiker entspringt dem *Nokabe*-(»Hirnwand«-)Beitrag der Show *Tonneruzu no Minasan no Okage deshita* und erinnert an menschliches Tetris.

Iron Chef Jede Adaption dieses beliebten Kochwettbewerbs basiert auf dem japanischen Original.

Die Zeit der Isolation

Jidai-geki spielen oft in der Edo-Ära *(siehe S. 29)*. Damals war Japan größtenteils von der Außenwelt isoliert. Bei Filmen in dieser Epoche haben Regisseure eine klar definierte Sozialstruktur für ihre konfliktreichen Spannungskurven. Die Rolle der Samurai dieser Zeit gibt den *Chanbara*-Filmen viel Stoff für Schwertkampfszenen, während die umherziehenden *ronin* (herrenlose Samurai) das gleiche unabhängige und gaunerhafte Verhalten an den Tag legen wie die Banditen in Hollywood-Western.

^ **Oben:** *Shoichi Hirose, Haruo Nakajima und Masaki Shinohara* (von links) *waren die Akteure hinter den legendären Monstern King Ghidorah, Godzilla und Rodan.* **Links:** *Haruo Nakajima am Filmset.*

^ *Das Godzilla-Franchise umfasst mittlerweile 30 Filme.*

Filmgeschichte schreiben

Japans Filmindustrie ist nicht nur eine der größten und ältesten der Welt, sie ist auch einer der einflussreichsten. Heimische Filme haben in Japan einen Marktanteil von weit mehr als 50 Prozent, und ihre Regisseure werden regelmäßig für internationale Auszeichnungen nominiert. Neben der Fülle an Historiendramen, die das Kino mit dem Fernsehen gemein hat, gibt es drei weitere Bereiche, in denen Japan weltweit führend ist: *tokusatsu* (Spezialeffekte), Horror und Trickfilm. Im Folgenden finden Sie nur einige herausragende Beispiele, die Sie interessieren könnten.

Tokusatsu

Der Begriff ist ein Kunstwort aus *tokushu* und *satsuei* und bedeutet so viel wie Spezialeffekte. *Tokusatsu*-Filme beweisen allerdings mehr Handwerk als die CGI-animierten Filme, die wir heute kennen. Um die Vision von *tokusatsu* zu verstehen, denken Sie nur zurück an das Original von *Godzilla* (1954). Seine Schöpfer nahmen die Spezialeffekte von *King Kong* aus dem Jahr 1933 als Vorlage und definierten als Allererste den Stil von Live-Action-Abenteuerfilmen und bestimmten damit die Machart vieler nachfolgender Kinofilme.

Nur ein paar Jahre später erschien *Super Giant* – Japans erster großer Fernseh-Superheld. Dieser frühe Klassiker diente als Vorlage für die »maskierten Helden«, eine Unterkategorie von *tokusatsu*, die kurz darauf auf die TV-Schirme schwappte und auch heute noch einen wichtigen Platz im TV-Reich der Kinderunterhaltung hat. Die Serie läuft in verschiedenen Versionen schon seit 1975 und wurde sogar im Westen für den Zuschauerhit der 1990er Jahre, *Power Rangers*, adaptiert.

Horror

Nach Erscheinen des Kultklassikers *Ring* 1998 entstand ein neuer Begriff: J-Horror. Er brachte Japans einzigartiger Herangehensweise an Horrorfilme, die ihren Fokus auf Spannungsaufbau und psychische Anspannung legt, internationale Aufmerksamkeit. Beispiele sind *Dark Water* (2002), in dem es um Übernatürliches geht, oder der albtraumartige *Audition* (1999).

Japaner sind seit jeher Fans guter Horrorgeschichten. Geister und böse Seelen tauchten oft in volkstümlichen Überlieferungen auf, *kaidan* (Geistergeschichten) waren während der Edo-Zeit äußerst beliebt. Viele J-Horrorfilme nehmen solche Quellen als Inspiration, greifen aber auch moderne Themen auf. So geht es in *Ring* um Angst und moderne Schauermärchen, die neue Technologien mit sich bringen.

Animation

Japanische Animes (kurz für Animation) mögen als TV-Format *(siehe S. 134–137)* viel bekannter sein, aber die zum Leben erweckten Leinwandfiguren gehören zu einem der größten Exportschlager des Landes. Ihr breiter Anklang machte Japans Familienklassiker zu Konkurrenten von Charakteren der Walt Disney Animation Studios. Wenn Sie noch keine kennen, dann sehen Sie sich Filme vom Studio Ghibli an. Die Mitgründer Hayao Miyazaki und Isao Takahata haben Kinofilme wie *Chihiros Reise ins Zauberland* und *Das wandelnde Schloss* produziert und mischen die kindliche Weltsicht mit einem nuancierten, elegischen Ton, der auch Erwachsene anspricht.

Während der Trickfilm im Westen seit jeher das Medium für Kinder war, haben japanische Animes nicht nur eine Zielgruppe im Blick. Sie decken deshalb auch das gleiche Spektrum hinsichtlich Budget und Genres ab wie jeder andere Film auch. Japanische Trickfilme sind aus diesem Grund viel mehr als nur Familienfilme, sondern oft bahnbrechende Beiträge zum Weltkino.

> *Der breite Anklang von Animes verhalf einer langen Reihe von Familienklassikern zum Erfolg.*

Und sie beeinflussen internationale Filmemacher. Der Cyber-Punkstreifen *Akira* (1988) war einer der ersten im Westen gezeigten Anime-Filme und veränderte die Art, wie dort Trickfilm wahrgenommen wurde. Es folgte ein Strom von Filmen: die Psychothriller von Satoshi Kon, verträumte Bilder und bittersüße Storys von Makoto Shinkai und der ausgeprägte Stil von Mamoru Hosoda. Sein Film *Mirai* war 2019 für den besten Animationsfilm bei den Oscars nominiert, als erster Anime, der nicht vom Studio Ghibli stammte.

˅ Your Name *(2016) von Makoto Shinkai ist der viertumsatzstärkste Film in Japans Geschichte.*

Ugetsu (1953)

Lange Filmsequenzen und narrative Zweideutigkeit in den Filmen von Mizoguchi Kenji inspirierten Frankreichs New-Wave-Regisseure.

Die sieben Samurai (1954)

Dieser Film von Akira Kurosawa hatte enormen Einfluss auf die Arbeit von George Lucas.

Lady Snowblood (1973)

Eine blutige Rachegeschichte mit weiblicher Hauptrolle: Der Einfluss auf Quentin Tarantinos *Kill Bill* ist offensichtlich.

Isle of Dogs (2018)

Der Stop-Motion-Film von Wes Anderson ist voll von Verweisen auf Japans Kultur und Kino, insbesondere auf Filme von Akira Kurosawa.

Battle Royale (2000)

Die Tribute von Panem zeigt klare Parallelen, und Tarantino bezeichnete ihn als einen seiner Lieblingsfilme.

Paprika (2006)

Von unscharfen Grenzen zwischen Traum und Realität bis zur Kleiderwahl – es gibt viele Parallelen zwischen dem Trickfilm und dem Kinohit *Inception* (2010).

***Tampopo* (1985)**

Ein Loblied auf Westler und aufs Essen: In *Tampopo* kopiert Regisseur Juzo Itami US-amerikanische Filmstile.

***Akira* (1988)**

Die Ähnlichkeit von *Akiras* brutalen Action-Szenen in düsterer Ästhetik und vielen späteren Sci-Fi-Filmen ist deutlich.

***Prinzessin Mononoke* (1997)**

Studio Ghiblis erster Durchbruch im Westen ebnete den Weg für weitere Animationsfilme.

Ring (1998)

Kein Blut, dafür Psychoterror, *Ring* definiert das J-Horror-Genre. Er wurde als *The Ring* von Gore Verbinski neu verfilmt und beeinflusste viele eher verhaltene Horrorfilme.

Japanische Kinofilme

Im Dialog mit dem Westen

Adaptionen und Hommagen – hier sind nur wenige wichtige Momente des Dialogs zwischen japanischem und westlichem Kino aufgeführt. Japanische Filme verbanden schon immer ausländische Techniken und Stile mit eigener Kultur und Empfindlichkeiten. Aber der Einfluss ging in beide Richtungen. Einige Filme sind für das westliche Publikum neu verfilmt worden – vom J-Horrorfilm *Ring* bis zur herzerwärmenden Story von Hachiko, dem treuen Hund. Aber meist bleibt der Einfluss subtiler. So wurden Japans filmische Pionierstile von ausländischen Regisseuren aufgegriffen, oder zentrale Themen und Handlungsstränge dienten als Filmvorlage für ein Publikum aus einer anderen Zeit oder aus einem anderen Land.

> Fußball wurde in den 1870er Jahren in Japan von einem kanadischen Royal-Navy-Offizier eingeführt.

Sportereignisse

Aktiv, vor dem Bildschirm und in Stadien

Schon im Alltag japanischer Kinder spielt Sport eine große Rolle. Viele verbringen ihre Nachmittage auf Sportplätzen, Teamgeist wird auch in der Schule großgeschrieben. Viele Kinder treten bereits in der Grundschule einem Schulsportclub bei und machen damit bis zur Universität weiter – manchmal sogar noch darüber hinaus, als Mitglieder eines lokalen Gemeindeteams.

Die umfassende Sportbegeisterung ist auf das Konzept *wa* zurückzuführen: die hohe Bedeutung von Gruppendynamik. Während *wa* im japanischen Alltag eher unterschwellig abläuft, wird das Konzept beim Sport praktisch zum Leben erweckt. Hier zeigen sich beispielhaft die wesentlichen Werte von Harmonie, Kommunikation und Kooperation. Durch diese Form der Erziehung ist Sport nicht nur spaßige Freizeitaktivität, sondern essenzieller Teil japanischer Kultur. Aber es dreht sich nicht alles um tief verwurzelte Tradition und Philosophie. Ein anderer wichtiger Grund für den Sport ist der pure Spaß am Spiel.

Viele Japaner sind fast schon besessen von Baseball, der die letzten Seiten der Zeitungen dominiert. Doch auch das jahrhundertealte Sumo-Ringen zieht große Massen an, und Japan holt viele seiner Olympischen Medaillen in Kampfsportdisziplinen.

Auch wenn Baseball und Fußball die beliebtesten TV-Ereignisse sind, gibt es in Japan noch etliche andere Sportarten wie Tischtennis und Rugby, die das Publikum in ihren Bann ziehen.

< *Die Baseball-Saison dauert acht Monate – von März bis Oktober.*

Baseball live erleben

Die Yomiuri Giants haben schon viele Central-League- und Japan-Series-Titel geholt. Das bringt ihnen eine begeisterte Anhängerschaft, aber auch zähe Hater – die selbst ernannten »Anchi-Jaiantsu« (»Anti-Giants«). Sich ein Spiel der Giants anzuschauen, kann also ein turbulentes Erlebnis sein. Wenn Sie ein Team lautstark unterstützen wollen, machen Sie sich mehr Freunde, wenn Sie eins der elf anderen wählen – vielleicht die Hiroshima Toyo Carp oder die Hanshin Tigers aus Osaka. Beide haben ebenfalls viele leidenschaftliche Fans.

Baseball

Es soll der amerikanische Professor Horace Wilson gewesen sein, der 1867 an der heutigen Universität von Tokyo den Japanern zeigte, wie man Baseball spielt. Diese Liebesgeschichte, die damals begann, hält noch immer an, und Japan zahlt es heute der Nation, die ihren Lieblingssport eingeführt hat, wieder zurück: mit vielen japanischen Baseballspielern, deren Namen die Amerikaner wie aus dem Effeff kennen.

Japanische Liga

Die Nippon Professional Baseball League (NPB) besteht aus zwei Profiligen – Pacific und Central League – mit jeweils sechs Teams. Während der regulären Saison spielen sie mehr als 100 Spiele, in der Hoffnung, die Play-offs zu erreichen und den begehrten Meistertitel der Nippon Series zu gewinnen. Ein Spielbesuch ist immer ein spaßiges Erlebnis. Selbst an schwülen Sommerabenden sorgen der Jubel und Beifall für eine mitreißende Atmosphäre.

⌄ *Die Japan Open sind ein jährliches, internationales Tischtennisturnier in Japan.*

Budo – der kämpferische Weg

Das Klingen der Schwerter im *Kendo*-Training und die Haltung der *Kyudo*-Schützen erinnern an das Vermächtnis des feudalen Japan *(siehe S. 29)*. Auch wenn nicht mehr in kriegerischer Auseinandersetzung, blieb das Konzept von *budo* (Kriegsweg) im Ausüben moderner Kampfkunst bewahrt. In der Philosophie des *budo* geht es nicht nur um sportliches Können, sondern um das Erlernen mentaler Disziplin und Gelassenheit in einer hektischen Gesellschaft.

Die Anfänge von Sumo

Obwohl Sumo viele *Budo*-Eigenschaften verkörpert, liegen seine Anfänge schon vor dem Entstehen der feudalen Kriegskunst. Wann das genau war, weiß man nicht, aber es gibt ein Wort, mit dem der bekannteste Sport des Landes immer beschrieben wird: steinalt. Mindestens 1500 Jahre, so eine Schätzung, die sich auf Wandmalereien und Ausgrabungen von Ringer-Figuren bezieht. Sumo soll Teil eines Rituals gewesen sein, um die Götter *(siehe S. 60–63)* für eine gute Ernte zu bitten.

Sicher ist, dass die ersten Sumo-Kämpfe in der Nara-Zeit (710–794) als Unterhaltung am Kaiserhof dienten. In der Edo-Ära *(siehe S. 29)* fanden bereits öffentliche Ringkämpfe statt, um Geld für den Bau von Tempeln und Schreinen zu sammeln. Schnell wurde Sumo auch bei den Massen sehr beliebt. 1909 wurde Sumo zum Nationalsport erklärt.

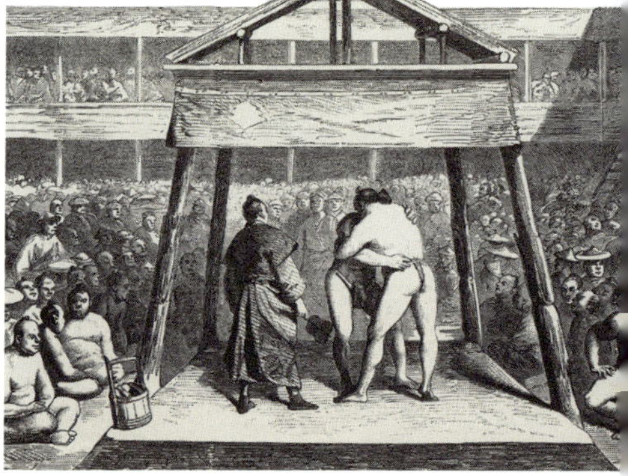

^ In Japan gibt es nur männliche Sumo-Ringer, in anderen Ländern wie Brasilien dürfen auch Frauen rikishi *werden.*

Zwar gilt Sumo als sehr japanisch, doch es gibt mittlerweile weltweit viele Fans, und viele Ringer kommen aus dem Ausland. Der erfolgreichste Sumo-Ringer aller Zeiten ist der gebürtige Mongole Hakuho Sho.

Sumo-Kämpfe sind eine unglaubliche Show von Pomp und Power.

Besuch eines Wettkampfs

Jedes Jahr richtet Japan sechs Sumo-Wettkämpfe aus, die jeweils 15 Tage dauern. Drei finden in Tokyos Ryogoku Kokugikan (11 000 Sitzplätze) statt, die anderen in den Präfekturen Nagoya, Osaka und Fukuoka. Es ist eine unglaubliche Show von Pomp und Power mit vielen Posen vor dem Kampf. Die *rikishi* (Profi-Ringer) werfen zur Reinigung Salz in den Ring und stampfen mit ihren Füßen fest auf den Boden. Und wenn dann der Schiedsrichter nickt, prallen die beiden Kontrahenten mit einem dumpfen Platschen aufeinander, dass den Zuschauern der Atem stockt. Manchmal ist der Kampf in wenigen Sekunden beendet: Entweder weil ein *rikishi* zu Boden geworfen oder beim anfänglichen Gerangel aus dem *dohyo* (Ring) geschubst wird. Manchmal halten sich die Ringer aber auch minutenlang fest, um den passenden Hebel und Moment für einen Wurf zu finden.

Sumo ist ein brutaler Sport, und die Kämpfer ziehen sich im Lauf ihrer Karriere etliche Verletzungen zu. Und es ist ein hartes Dasein. Viele *rikishi* leben in Trainingsheimen, teilen sich die Schlafquartiere, erledigen den Haushalt für ausgediente Kollegen und absolvieren täglich extrem harte Trainingseinheiten.

⌄ Von links nach rechts: *Ein* rikishi *reinigt den Ring mit Salz.* Rikishi *kämpfen im Summer Grand Sumo Tournament. Die gyoji (Kampfrichter) sind Ringleiter, aber arbeiten auch in den Trainingsheimen, in denen die* rikishi *leben.*

Alte Schule

Moderne Kampfkünste *(bujutsu)* entstanden aus der Militärtradition der Samurai. *Ninjutsu* sind die Kampfkunstfähigkeiten der Ninja.

Der Weg des Schwerts

Im *kendo* sind schrille und einschüchternde Schreie neben dem Gebrauch des Schwerts wichtige Kampfwerkzeuge.

40 Millionen

Menschen auf der ganzen Welt praktizieren Judo.

Samurai-Fertigkeiten

Schauen Sie sich auf dem Tsuwano Yabusame Festival (Präfektur Shimane) im April *yabusame* (Bogenschießen zu Pferd) an.

Kampfkünste

Von alter Kampfethik bis zum modernen Sport

Japans Kampfkünste stammen aus der Kriegsführung und schlagen eine Brücke von der Vergangenheit in die Gegenwart. Doch anstatt in den Krieg zu ziehen, streben heutige Schüler von *bujutsu* (Kampfkunst) nach Selbstentwicklung, Fitness, Disziplin und der Balance mentaler Flexibilität und Widerstandsfähigkeit, um für tägliche Aufgaben gewappnet zu sein.

Die zwei beliebtesten Kampfkünste Japans sind Karate und Judo, aber es gibt viele weitere, die man in Japan kennenlernen kann. Für *bujutsu* mit seiner langen Geschichte und offenkundigen Samurai-Verbindung ist *kyudo* ein Beispiel, das bis auf die Yayoi-Zeit (300 v. Chr. – 300 n. Chr.) zurückgeht. Diese Disziplin, bei der mit einem Langbogen aus 28 Meter Entfernung ein Ziel mit einem Durchmesser von 36 Zentimetern getroffen werden muss, erfordert mentales Gleichgewicht und extreme Gelassenheit. Die traditionelle Form ist *yabusame*, bei dem die Schützen in voller Montur auf einem galoppierenden Pferd versuchen, das Ziel zu treffen. Auch *kendo* (Schwertkampf) ist eine moderne Version einer alten Samurai-Kampfkunst. Hier ist das Ziel, den Gegner mit einem Holzschwert zweimal an festgelegten (und gut geschützten) Stellen zu treffen. Wie bei anderen *bujutsu* auch ist das höchste Übungsziel jedoch nicht das Meistern der Fertigkeit an sich, sondern das Erlernen von Respekt und Selbstkontrolle sowie das Streben nach persönlicher Entwicklung.

‹ Kampfkünste sind ein einmaliger und packender Einstieg in Japans Geschichte. In der Kampfsporthalle Nippon Budokan in Tokyo finden viele Wettbewerbe statt.

KULINARISCHES JAPAN

Wo auch immer Sie in Japan unterwegs sind, Sie werden schnell die einzigartigen Gaumenfreuden von *washoku* (Harmonie der Speisen) entdecken: die Art und Weise, wie Köche aus saisonalen Produkten selbst die simpelste Kost zur Kunst erheben können. Von hochpreisigem Sushi bis zu günstigem Ramen – die japanische Küche ist eine köstliche Kombination aus Aromen, Texturen und Stilen. Für den besonderen Gaumenkick gibt es raffinierte *kaiseki-ryori*, Tempura oder *teppanyaki*, während der kleine Hunger zwischendurch mit Nudeln in allen erdenklichen Zubereitungsarten an Straßenständen gestillt werden kann. Naschkatzen sind mit traditionellen *wagashi* (Süßigkeiten), sahnegefüllten Pfannkuchen und Läden voll mit Süßgebäck, Schokolade und Bonbons bestens bedient. Eine ebenso abwechslungsreiche Auswahl gibt es auch bei den Getränken – erfrischende Grüntees, schmackhafte Sakes, preisgekrönte Whiskys und vieles mehr. Es ist eigentlich ein Wunder, wie die Japaner es schaffen, so in Form zu bleiben.

Regionale Spezialitäten

Sterneküche in Tokyo oder Streetfood in Osaka – gut zu essen ist in Japan einfach. Bei der Fülle an regionalen Spezialitäten bleibt nur eins: von allem etwas probieren. Hokkaido ist besonders für seine qualitativ hochwertigen Produkte bekannt und Okinawa für seine berühmten Schweinefleischgerichte. Machen Sie Ihre Mahlzeit komplett mit einem Glas regionalem Whisky oder Sake. Und wenn es mal zu viel wird, suchen Sie die Auszeit im ruhigen Ritual der Teezeremonie. Für jegliche Gelüste zu jeder Uhrzeit stehen Verkaufsautomaten und Mini-Märkte bereit.

^ Feiner Tee
Auf den terrassierten Teefeldern von Uji im Süden der Präfektur Kyoto wachsen einige der feinsten Grüntees in Japan (siehe S. 196f). *Bei Fukujuen Ujicha Kobo im Zentrum von Uji können Sie die große Vielfalt probieren und kaufen sowie an einem Tee-Workshop teilnehmen.*

Sushi

Es war eine norwegische Delegation, die den Japanern in den 1980ern vorschlug, Lachs für ihr Sushi zu verwenden.

Okinawas Kuriositäten
Auf Okinawas Speisekarten ist Schwein gern gesehen, wie geschmorter Schweinsfuß und gesäuertes Ohr (siehe S. 189). *Dazu ein* awamori, *ein sehr starker regionaler Reisschnaps.*

> Essen, bevor es herunterfällt
Osakas inoffizielles Motto ist kui daore: *Iss, bevor Du es fallen lässt. Die Menschen dort lieben Essen, und die Stadt ist bekannt für ihr feines Gourmet-Angebot* (siehe S. 188f). *Probieren Sie köstliches Streetfood wie* takoyaki *(gebackener Oktopus).*

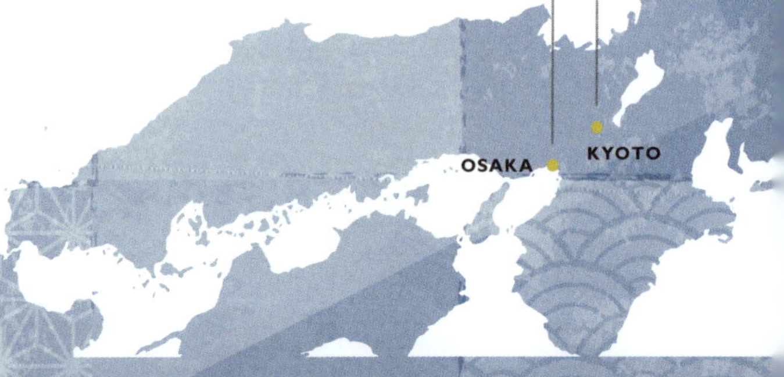

Whisky-Wunderland
Die Destillerie Yoichi von Nikka Whisky Distilling ist eine von Japans führenden Brennereien.

HOKKAIDO

YOICHI

Die Kornkammer der Nation
Die nördlichste von Japans vier Hauptinseln ist der größte Produzent von Reis, Weizen, Kartoffeln, Bohnen, Rüben, Gemüse und Milcherzeugnissen. Japaner halten die Landwirtschaftsprodukte aus Hokkaido für die besten (siehe S. 188).

Lost in Translation

Das japanische Wort für Sake ist *nihonshu*. Das japanische *sake* (oder *o-sake*) meint Alkohol allgemein.

MORIOKA

Unmengen an Nudeln
In Morioka finden Wettessen von Soba-Nudeln (wanko soba) *statt* (siehe S. 188).

NIIGATA

Sake-Zentrale
Die Brauereien in Niigata machen Japans besten Sake (siehe S. 202f). *Das reine Wasser der Schneeschmelze in der Region spielt eine wichtige Rolle im Brauprozess und bewässert außerdem die zahlreichen Felder, auf denen der Reis für den heimischen Sake wächst.*

TOKYO

Hauptstadt der Haute Cuisine
In Tokyo gibt es mehr Sternerestaurants als irgendwo sonst auf der Welt. Genießen Sie ein raffiniertes Dinner oder das günstigere Lunch-Angebot.

Gute Manieren

Es ist höflich, vor dem Essen *itadakimasu* und danach *gochisosama* zu sagen. Das zeigt Wertschätzung für alle, die an der Zubereitung der Speisen mitgewirkt haben.

> *Nigiri Sushi sind dünne Scheiben Fisch auf Reis.*

Parfümfrei

Sushi-Aroma ist so dezent, dass Top-Restaurants ihre Gäste beim Besuch bitten, auf störendes und starkes Parfüm zu verzichten.

Sushi und Sashimi

Allgegenwärtige Klassiker

Wem fällt bei Japan nicht sofort Sushi ein? Der leicht gesäuerte, mit Fisch oder Meeresfrüchten bedeckte Reis ist das inoffizielle Nationalgericht. Sashimi – Filetscheiben von rohem Fisch – ist international vielleicht weniger bekannt, gehört aber trotzdem zu den Klassikern der japanischen Küche.

Wasabi

Wasabi ist unverzichtbar für Sushi und Sashimi, nicht nur, weil er ihnen einen wärmenden Akzent verleiht. Der Wassermeerrettich hemmt darüber hinaus auch gewisse Mikroben in rohem Fisch, die zu Lebensmittelvergiftungen führen können.

Sushi

Die Form, die heute international als Sushi auf die Teller kommt, entwickelte sich im 18. Jahrhundert in Tokyo. Aus dem Gericht aus rohem, auf Reis gebettetem Fisch wurde ein Straßenimbiss im Häppchenformat. Sushi in seiner heutigen Form gibt es auf verschiedenen kulinarischen Niveaus – vom Drei-Sterne-Restaurant wie dem Sukiyabashi Jiro in Tokyos Stadtteil Ginza bis zu erschwinglichen *kaiten-zushi* (Sushi vom Laufband). Wenn Sie sich für die exklusive Variante entscheiden, können Sie sich auf ein köstliches Menü aus frischen Meeresprodukten freuen, das direkt vor Ihren Augen zubereitet wird. In der Regel wird mit leichteren Geschmacksrichtungen wie Butt gestartet und mit stärkeren wie Seeigel und Aal abgeschlossen.

Aber auch in den Imbissen – wo die meisten mit Familien und Freunden einkehren – wird sehr gutes Essen geboten. Dort nehmen Sie einfach vom Laufband herunter, was Ihnen gefällt. Gebratenes Huhn zum Beispiel, Käsefritten oder cremige Parfaits. Noch günstiger – und ideal für ein Picknick – sind die empfehlenswerten Sushi-Bento-Boxen zum Mitnehmen.

Sashimi

Auf den Karten der *izakayas* (Kneipe), zu Hause und natürlich als Hauptzutat für die ersten Gänge im feinen *kaiseki-ryori* *(siehe S. 191)* ist Sashimi eher zu finden als Sushi. Im Ausland nicht annähernd so bekannt wie Sushi, ist Sashimi in Japan definitiv die beliebtere Wahl. Das mag an der Schlichtheit liegen – filetierter, frischer Fisch mit Sojasauce, Wasabi und geriebenem Ingwer. Ideal als Vorspeise mit einem Sake *(siehe S. 202f)*, wenn der Gaumen noch bereit für das zarte Aroma der frischen Meerestiere ist. Thunfisch, Lachs, Meerbrasse, Kalmar, Bonito, Flunder und Krake sind typische Fische, die für Sashimi verwendet werden.

^ Von oben nach unten: *Beim* kaitenzushi *wird nach Tellern abgerechnet. Sashimi müssen mit Stäbchen, Sushi können mit den Händen verzehrt werden.*

Nudeln

Eine nationale Institution

Soba

Udon

Somen

Nudeln *(men)* kommen in Japan oft und in unzähligen Varianten auf den Tisch. Zu Hause, am Imbissstand, im Restaurant, zu Mittag oder zum Abendessen, stark gewürzt oder leicht im Geschmack.

Von Japans vielen verschiedenen Nudelgerichten wird Ramen am häufigsten serviert. Die Nudeln wurden im 19. Jahrhundert aus China eingeführt, als sich Japan nach jahrhundertelanger Isolation wieder der Welt öffnete. Heute gibt es mehr als 50 000 Ramen-Restaurants im Land. Die zahlreichen Kreationen variieren, je nachdem welche Kombination aus Huhn, Schwein, Fisch und Gemüse ihn ihrer Brühe schwimmt. Tonkotsu- oder Hakata-Ramen erhalten ihren typisch milchigen Look zum Beispiel von der verwendeten Brühe aus Schweineknochen, die Sämigkeit von Sapporo-Ramen wird durch die Zugabe von Miso (fermentierte Sojabohnenpaste) erreicht. Shoyu-Ramen – die am weitesten verbreitete Nudelsuppe – erkennt man an ihrer klaren, braunen Brühe. Hier wird dem Hühner- und Gemüsefond Soja *(shoyu)* beigegeben.

Die bräunlichen, hauptsächlich aus Buchweizen hergestellten Soba-Nudeln sind ähnlich dick und lang wie Spaghetti. Sie werden typischerweise kalt mit einem Dip serviert, aber auch in heißer Brühe. Die weißen Weizenmehlnudeln Udon kommen ganz einfach in einer warmen Brühe aus *dashi* (Fischsud) und Sojasauce auf den Tisch, lassen sich aber in verschiedene Gerichte integrieren, wie gebraten in *yaki udon* oder in einer Currysauce. Die dünnen Weizennudeln Somen schmecken am besten im Sommer bei drückender Hitze – kalt serviert mit Sojasauce und *Dashi*-Dip.

Schlürfen Sie

Verschiedene Nudeln, gleiches Geräusch: schlürfen. In einigen Kulturen mag das als unappetitlich gelten, in Japan nicht. Das Geschlürfe gehört dazu, die vergänglichen

Verschiedene Nudeln, aber überall die gleiche Geräuschkulisse: schlürfen.

Ramen werden normalerweise mit einem renge (Keramiklöffel) für die Brühe serviert.

Gaumenfreuden einer Schüssel Nudeln zu genießen. Und es wird Ihren Esshorizont erweitern. Es heißt, dass durch das zügige Hochschlürfen die Aromen tiefere Nasenregionen erreichen. Und das soll den Geschmack verstärken.

Wenn es bei Ihnen mit dem Schlürfen nicht so klappt, brauchen Sie sich nicht zu schämen. Ein 2016 geprägter Ausdruck lässt vermuten, dass auch in Japan nicht jeder diese Landessitte mag. *Nu-hara* (Nudelbelästigung) beschreibt das Gefühl, sich vom Nudelschlürfen gestört zu fühlen.

^ Die Brühe Shoyu-Ramen basiert auf Sojasauce.

< Schlürfen wird beim Nudelessen als Zeichen des Genusses gewertet.

⌃ Reis wird in Japan seit mehr als 3000 Jahren angebaut.

Reis

Wichtiges Grundnahrungsmittel

Er ist wesentlich für Sushi und Millionen von täglichen Bento-Boxen, Teil des traditionellen Frühstücks und der *Teishoku*-Menüs, Hauptzutat für *mochi* (Reiskuchen), *senbei* (Kräcker) und natürlich für Sake: Reis ist das Grundnahrungsmittel Japans.

⌄ Im Herbst findet für gewöhnlich die Reisernte statt.

Wichtiges Erntegut

Reisanbau ist eine der größten Industrien Japans. Jährlich produzieren die Reisfelder 7,5 Millionen Tonnen Reis, inklusive Arten wie Koshihikari und Sake-Sorten wie Yamada-Nishiki. Der Großteil wird in ländlichen Gebieten wie Hokkaido, Niigata und der Tohoku-Region angebaut, kleinere Betriebe sind über das ganze Land verteilt. Der Produktionszyklus startet im Frühjahr, wenn die Bauern in den Gewächshäusern die Setzlinge stecken. Sobald die Reisfelder *(tanbo)* gepflügt und gewässert sind, kommen die Setzlinge in den dicken, nassen Boden. Im Herbst sind die Halme mit den hängenden goldenen Ähren erntereif.

< **Links:** *Bento-Boxen enthalten häufig Reis, der lustig dekoriert ist.* **Unten:** *In einem Menü aus verschiedenen Speisen wird Reis separat in einer Schüssel serviert.*

Beliebte Gerichte

Immer mehr Japaner haben auch westliche Produkte für ihre Küche entdeckt, was den Reiskonsum im Land zurückgehen lässt. Trotzdem taucht er noch jenseits von Sushi, Bento oder blank in vielen Variationen auf. Für das allseits beliebte *donburi* wird der Reis in einer Schüssel mit allerlei Leckerem bedeckt: *tendon* (mit Tempura), *gyudon* (mit Fleisch- und Bratzwiebelmix) und *oyakodon* (Hühnchen, Frühlingszwiebeln und Rührei) sind nur ein paar Varianten, auf die Sie vielleicht stoßen werden. *Chahan* (gebratener Reis) ist – obwohl chinesisch – auch ein sehr beliebtes Reisgericht. Es wird mit japanischer, indischer oder thailändischer Currysauce serviert. *Onigiri* (Reisbälle) sind ein herzhafter Snack, den jeder Supermarkt oder Gemischtwarenladen *(siehe S. 192f)* im Angebot hat. Der nahrhafte, aber leichte Reisbrei *(okayu)* ist das Beste, wenn man sich nicht ganz wohl fühlt.

Bei der weiten Verbreitung von Reis im Land wundert es nicht, dass das japanische Wort für Reis *(gohan)* sowohl »gekochter Reis« als auch »Mahlzeit« bedeutet. Und es kommt als Nachsilbe in den Wörtern für Frühstück *(asagohan)*, Mittagessen *(hirugohan)* und Abendessen *(bangohan)* vor.

2,5

Schüsseln Reis pro Person werden täglich durchschnittlich in Japan gegessen.

Achten Sie auf die Etikette

Die Dos und Don'ts beim Reisessen sind einfach. Stecken Sie nie die Stäbchen senkrecht in die Reisschüssel, das ist ein Trauerritual. Verwenden Sie deshalb die Stäbchenhalter. Wenn Sie aus der Reisschüssel essen, halten Sie sie in einer Hand und führen Sie den Reis mit den Stäbchen zum Mund. So landet das, was von den Stäbchen fällt, in der Schüssel, die am Ende bis auf das letzte Reiskorn leer sein sollte. Das zeigt Ihre Wertschätzung für das Essen.

> *Streetfood wie* takoyaki *wird an* yatai *(Ständen) serviert.*

Regionale Küche

Der Genuss von örtlichen Aromen

Jede Stadt und jede Region in Japan hat ihre eigenen Spezialitäten, die es zu probieren gilt. Hier sind einige der Highlights.

Hokkaido Der klirrenden Winterkälte in Hokkaido kann man mit einigen von Japans deftigsten Regionalgerichten begegnen – von Al-dente-Nudeln und der sämigen Miso-Brühe von Sapporo-Ramen bis zu gegrilltem Lamm *(jingisukan)* und wärmendem *supu kare* (Suppen-Curry).

Tohoku Morioka in der Präfektur Iwate ist die Heimat der Nudeln. Zu ihren *sandaimen* (drei große Nudelspezialitäten) gehören die bissfesten *reimen*, die in einer kalten, süßsauren Sauce serviert werden, sowie die kurzen, dicken Weizennudeln *jajamen*, gemischt mit einer gehaltvollen Miso-Paste. Das prägnanteste Nudelgericht ist *wanko soba*, kleine Schalen mit Soba-Nudeln. Diese traditionelle Art zu essen ist zu einer All-you-can-eat-Challenge geworden, bei der die aufgestapelten Schüsseln zeigen, wie viel der Gast essen kann. Der Rekord liegt bei 632.

< *Der Inhalt von Sapporo-Ramen variiert, aber die Suppe ist meist auf Miso-Basis.*

Tokyo Tokyos *monjayaki* ist der Inbegriff von *B-kyu gurume* – ein geselliges und preiswertes Gericht aus klebrigem Teig mit gewürfeltem Kohl und anderen Zutaten. Am besten probiert man es in einem der Lokale in Tokyos Stadtviertel Tsukishima.

Kyoto In Kyoto gibt es einzigartiges vegetarisches Essen. Neben Tofu-Gerichten wie *yudofu* (gekochter Tofu) ist *shojin-ryori* zu nennen. Diese mehrgängige Mahlzeit aus der buddhistischen Küche konzentriert sich auf Tofu-Variationen mit Gemüse.

Osaka Ein typischer Straßenimbiss ist *takoyaki* – ein Stückchen Oktopus in einer

Teigkugel gebacken, serviert mit einer dicken, braunen Sauce, *aonori* (Seetang), Mayonnaise und Bonito-Flocken.

Hiroshima *Okonomiyaki* (herzhafte Pfannkuchen) gibt es in ganz Japan. Die Zubereitungsart in Hiroshima ist jedoch sehr speziell. Hier werden nämlich Nudeln beigegeben und die Zutaten sukzessive geschichtet, bevor der Pfannkuchen mit der herzhaften Sauce gewürzt wird.

Kyushu Ramen-Fans schwören auf Hakata-Ramen aus Fukuoka. Die Nudeln sind dünner, und in die milchige Suppe kommen Schweinebraten und Frühlingszwiebeln.

Okinawa Schwein wird hier hoch geschätzt. Lokale Spezialitäten sind *mimiga* (gesäuertes Schweineohr) und *tonsoku* (gedünsteter Schweinsfuß). Das prägnanteste Gericht ist *goya champuru* – ein Pfannengericht aus *shima-dofu* (Insel-Tofu), Eiern, Schinkenfleisch und einer Bittermelone, bekannt als *goya*.

Zum Anbeißen

Gastronomische Tour durch Japan.

(1) **Hokkaido** Wärmen Sie Körper und Geist mit herzhafter Küche.

(2) **Tohoku** Hier sind Sie richtig für die typischen *wanko soba*.

(3) **Tokyo** Genießen Sie bürgerliche, budgetfreundliche *monjayaki*.

(4) **Kyoto** Fleischlos glücklich.

(5) **Osaka** Probieren Sie an einem Streetfood-Stand *takoyaki*.

(6) **Hiroshima** Der Ort, um köstlich-herzhafte Eierkuchen zu genießen.

(7) **Kyushu** Essen Sie sich satt mit Japans bestem Ramen.

(8) **Okinawa** Hier gibt es Schwein – und zwar in vielen Variationen.

Tokyos monjayaki *ist der Inbegriff von* B-kyu gurume *– ein einfaches, geselliges Gericht.*

Sakizuke

Kaiseki-ryori-Menüs variieren zwar, der Ablauf ist aber meist gleich. Sie starten mit dem *Sakizuke*-Gang – kleinen Appetizern oder Amuse-Bouches.

Suimono

Diese leichte, klare Suppe mit minimaler Garnitur wird als erfrischender Gaumenreiniger serviert.

Hassun

Der attraktivste und kunstvollste von allen *Kaiseki-ryori*-Gängen ist *hassun*, ein saisonales Gericht aus vier oder fünf Horsd'œuvres.

Sunomono

Der *Sunomono*-Gang ist ein kleines, gesäuertes Gericht, um den Gaumen zu reinigen. Es besteht meistens aus Gemüse oder Meerestieren.

Shokuji

Ein Dreiergespann aus Reis, Miso-Suppe und Pickles, das zusammen gegen Ende des Mahls serviert wird.

Mizumono

Die Mahlzeit endet mit einem Dessert wie Früchten, Eis oder traditionellen Süßigkeiten.

Otsukuri

Ein *Otsukuri*-Gang besteht aus einer Auswahl an Sashimi *(siehe S. 183)*, die je nach Saison und Region variieren kann.

Takiawase

Ein leichtes, gedünstetes Gemüsegericht mit Fisch, Fleisch oder Tofu.

Yakimono

Grillgericht aus saisonalem Fisch (Süßwasser- wie Meeresfische) oder Fleisch wie dem heimischen *wagyu* (Rind).

Agemono

Die meist in Tempura-Teig frittierten Speisen werden mit einer Sauce oder nur mit Salz gegessen.

Mushimono

Das gedünstete Gericht enthält Fisch, Huhn oder Gemüse, manchmal auch pikanten Pudding.

Kaiseki-ryori

Traditionelles Degustationsmenü

Es gibt nichts, was die höchsten japanischen Kochkünste besser demonstriert als *kaiseki-ryori*. Das Menü wird in speziellen Restaurants sowie abends in den *ryokan* (traditionelle Gasthöfe) angeboten und besteht meist aus zehn bis zwölf Gängen. Das einem Teehaus ähnliche Interieur, in Kimonos gekleidete Kellner und die friedliche Atmosphäre schaffen eine tiefe japanische Sinneserfahrung, bevor man überhaupt angefangen hat zu essen. Auch wenn Abfolge und Anzahl der kleinen Kreationen variieren können, liegt der Fokus bei allen Gängen auf saisonalen Zutaten. Die Gerichte sind köstliche kleine Kunstwerke, auf feinem Lackgeschirr und Keramik serviert – delikat garniert mit Jahreszeitlichem wie Kirschblüten im Frühling.

^ **Von links nach rechts:** Konbini *bieten eine riesige Auswahl an Knabbereien. Auch Reiskräcker gibt es in den verschiedensten Variationen.*

Snacks

Speisen für unterwegs

Japaner lieben Snacks – ob *senbei* (Reiskräcker) vor dem Fernseher oder das raffinierte *melonpan* (süßes Brot) im Büro. Und egal, welchen Mini-Markt Sie auch besuchen, bei der Angebotsvielfalt und Menge an *oyatsu* (Snack) werden Sie sich fragen, wie die Japaner zu dem Ruf gekommen sind, schlank und gesund zu sein.

Die *konbini* (Mini-Märkte) wie 7-Eleven, Family Mart und Mini-Stop bieten tägliche Bedarfsmittel, Fertiggerichte und Getränke. Auch viele Kinder setzen hier ihr Taschengeld um: für Kaugummis, Bonbons oder Klassiker wie *umaibo*, ein Puffmais-Stäbchen in verschiedenen Geschmacksrichtungen – von Käse über Hühnerbrühe bis Teriyaki. Sie teilen sich die Gänge mit Schokolade und Kaubonbons – wie die schokoladeüberzogenen Keksstangen von Pocky und die fruchtigen Kaubonbons von Hi-Chew. Auch heimische Chips-Hersteller füllen tütenweise die Regale. Ihre Produkte kommen ebenso in den verschiedensten Geschmacksrichtungen daher – von einfach gesalzen und Consommé über Pizza und säuerliche Pflaume *(ume)* bis hin zu gesalzener Seetang *(nori shio)* und Fischrogen *(mentaiko)*.

Ganz anders als bei den Crêpes in Frankreich geht es bei der japanischen Version um Überfluss.

Die eher traditionell herzhaften und harten Reiskräcker *senbei*, die üblicherweise einen starken Sojageschmack haben, gibt es mittlerweile sogar gesüßt, in Algen verpackt oder mit Sesam verfeinert. *Wagashi* (*siehe S. 194f*) werden gern zum Tee gereicht.

Neben den *konbini* sind Konditoreien und Bäckereien wahre Schatztruhen für Naschkatzen. Cremige Millefeuilles und mit rotem Bohnenmus gefüllte Donuts (*andonatsu*) sind typische Leckereien, aber die wohl gehaltvollsten Nachspeisen sind Crêpes. Die japanische Version ist mit ihrem spartanischen Äquivalent aus Frankreich aber nicht zu vergleichen. Hier geht es um Fülle. Und wie das aussehen – und schmecken – kann, zeigen am besten die bunten Kreationen in Tokyos Café Crêpe in Harajuku. Die Crêpe-Rollen sind mit einer überwältigenden Menge an Sahne und Früchten gefüllt und mit Schokoladen- und Karamellsauce übergossen. Manchmal wird als kleine Zugabe auch noch ein Stückchen Käsekuchen oder ein bis zwei Kugeln Eiscreme auf den Teller drapiert.

Kostproben aus der Region

Ein japanischer Trend ist sofort augenfällig: Regionalität. Beliebte Marken bringen oft Varianten ihrer Knabbereien heraus, die lokal verkauft werden und aus regionalen Produkten bestehen. So machen sie sich Japans Brauch von *omiyage* zunutze: Freunden, Familie und Arbeitskollegen Souvenirs von Reisen mitzubringen. Inbegriff hierfür ist KitKat mit Aromen wie *Hojicha*-Tee in Kyoto, *Shichimi*-Gewürz in der Shinshu-Region, Wasabi in Shizuoka und natürlich mit dem japantypischen Sake- und Matcha-Geschmack. Kult wurde KitKat, weil es wie das japanische »kitto katsu« (»Viel Glück«) klingt. Und so wurde es zu einem beliebten Mitbringsel.

^ **Von links nach rechts:**
Onigiri *sieht man im ganzen Land häufig in* konbini.
Japanische Crêpes sind beliebte Straßensnacks und werden in Hunderten verschiedenen Geschmacksrichtungen angeboten.

KitKats

Saisonale Form

Wagashi werden in den Teehäusern oft in Formen gereicht, die die Jahreszeiten widerspiegeln.

Perfekt gepaart

Die Süße der *wagashi* bildet ein Gegengewicht zum eher bitteren Grüntee.

Schöne Schöpfungen

Wagashi sollen nicht nur köstlich schmecken, sondern auch eine Freude fürs Auge sein.

Wagashi

Exquisite Zuckerwaren

Wagashi (traditionelle Süßspeisen) sind filigran geformte Werke essbarer Kunst. Meist werden sie zu einer Tasse Grüntee gereicht. Sie sind einerseits ein wichtiger Bestandteil der Teezeremonie *(siehe S. 198f)*, man bekommt sie aber auch in Supermärkten, Mini-Märkten oder Süßwarenläden.

Japanische Naschereien gibt es in den verschiedensten Variationen, aber viele haben eine Gemeinsamkeit: Sie sind nur selten cremig oder schokoladig, sondern bestehen häufig aus Zutaten wie *anko* (gesüßter Adzukibohnenpaste), *mochi* (klebriger Reiskuchen) und natürlichen Aromen wie Tee, Sesam und Früchten. Eine der typischsten Formen sind *daifuku* – kleine *mochi*, die oft mit *anko* oder Erdbeere gefüllt sind. Ein anderer *Wagashi*-Klassiker ist *yokan*. Der Wackelpudding besteht meist aus *anko*, Zucker und Agar. Aber es gibt ihn auch ohne *anko*, dafür mit grünem Tee, Maronen und japanischer Pflaume. *Dango* ist etwas, das Sie probieren müssen, wenn Sie in der Shibamata-Gegend im Nordosten von Tokyo sind. Die Reismehlklößchen schmecken am besten, wenn sie aufgespießt und in klebrig-süßer Sauce getränkt auf dem Grill landen. Ebenso lecker sind *manju* (gedämpftes Teilchen mit *Anko*-Füllung), *dorayaki* (Biskuit-Sandwich), *warabimochi* (mit Sojabohnenmehl bedeckter Wackelpudddig aus Adlerfarnstärke) und *karinto* (Frittiertes aus Zucker, Mehl und Hefe).

‹ *Form, Textur und Geschmack der* wagashi *sind sehr unterschiedlich, einige Formen gibt es nur in bestimmten Regionen oder Jahreszeiten.*

Tee

Japans beliebtester Muntermacher

Grüner Tee ist eine japanische Institution voller guter Inhaltsstoffe und Koffein. Er wird bei Geschäftstreffen serviert und ist – heiß oder kalt – an allen Verkaufsautomaten des Landes zu haben. Er ist die beste Begleitung zu Gebäck und steht oft auf den *kotatsu* (beheizter Tisch).

Es waren buddhistische Mönche, die ihn von China nach Japan brachten. Die ersten Quellen über Teetrinken in Japan gehen auf das frühe 8. Jahrhundert zurück. Knapp 1200 Jahre später hat grüner Tee einen festen Platz in Japans Alltag. Grüner Tee ist sehr gesund, er enthält nicht nur viel Vitamin C, sondern auch Antioxidantien. Laut Studien hat der regelmäßige Verzehr einen großen gesundheitlichen Nutzen, so reduziert man damit etwa das Risiko von Herz-Kreislauf-Erkrankungen und Schlaganfällen. Darüber hinaus soll er den Cholesterinspiegel senken und krebsvorbeugend sein.

Überall in Japan wird Tee getrunken. Von Tokyos coolen Cafés bis hin zu den Teezeremonien in Tempelgärten *(siehe S. 198f)*. Grüntee – egal, ob heiß oder kalt –

Sie finden grünen Tee sogar in Nudeln, sahnigen Puddings und in Likören.

⌄ *Tee wird traditionell in einer handgefertigten Teekanne aufgebrüht.*

Teevariationen zum Ausprobieren

⌄ **Sencha**
Der archetypische Grüntee aus ganzen getrockneten Blättern hat eine balancierte Bitterkeit und ein erfrischendes Aroma.

^ **Gyokuro**
Der hochwertigste japanische Grüntee wird mit einer niedrigeren Temperatur aufgebrüht. Er ist sehr intensiv und extrem würzig.

wird am liebsten pur genossen, kann aber auch in kalten Lattes und Shakes vorkommen. Und lässt sich sogar essen! KitKat, Pocky, Oreo und Co. bringen Grüntee-Versionen ihrer Süßigkeiten auf den Markt, und nicht selten finden Sie Matcha-Eiscreme in Tiefkühlfächern. Wenn Sie Tee lieben, sollte Sie die Stadt Uji in der Präfektur Kyoto besuchen, die mit der Präfektur Shizuoka zu Japans besten Teegegenden zählt. Dort sind die Auslagen voll mit Grüntee-Produkten wie Nudeln, Puddings, *mochi* (Reisbällchen) und Likören.

Matcha-Eiscreme

^ Von links nach rechts: *Shizuoka ist Japans Grüntee-Hauptstadt. Matcha-Tee wird aus Pulver zubereitet.*

v Mugicha
Kalt gezogen aus gerösteter Gerste, ist der warme mugicha besonders im Sommer sehr beliebt.

Houjicha
Die gerösteten Blätter erzeugen einen nussigen Tee mit rötlich brauner Färbung.

^ Matcha
Das feine Pulver wird mit heißem Wasser aufgeschlagen. Dieser Tee wird bei Teezeremonien verwendet. Er ist intensiv, fast cremig und sehr aromatisch.

Genmaicha
Getrocknete Grünteeblätter mit gepufftem braunem Reis ergeben das Nussaroma.

Teezeremonie

Der Weg des Tees

Die japanische Teezeremonie ist ein höchst inszeniertes Ritual. Es wurde über Jahrhunderte perfektioniert, um zur inneren Ruhe zu finden. Alles folgt einem exaktem Ablauf – das Schlagen des pulvrigen Grüntees mit heißem Wasser zu schaumigem Matcha, die Anordnung der Tee-Utensilien und sogar das Vokabular. Teezeremonien basieren sowohl auf den Lehren des Zen und der geistigen Disziplin der Samurai wie auch auf Prinzipien, die im 16. Jahrhundert vom berühmten Teemeister Sen no Rikyu festgeschrieben wurden. Die zur Ausstattung gehörenden Kunsthandwerke wie *ikebana* *(siehe S. 74f)*, Kalligrafie *(siehe S. 92f)*, Keramik *(siehe S. 86f)* und Landschaftsarchitektur *(siehe S. 78f)* sind sehr von der Philosophie geprägt.

Teezeremonien mit einem *kaiseki* (leichtes Mahl) können bis zu vier Stunden dauern. Aber es gibt auch kürzere Versionen von 20 bis 90 Minuten. Für eine Zeremonie in einem schönem Garten ist der Gyokusen-en in Kanazawa (Präfektur Ishikawa) perfekt. Bei der großen Teezeremonie in Matsue (Präfektur Shimane) im Oktober können Sie ganz in die Welt der Tees abtauchen. In Kyoto bietet die Teeschule Urasenke Kurse an.

Tee-Etikette

Die Unterhaltung sollte reduziert und respektvoll sein, die Konzentration auf die Schönheit der Teeschale, das köstliche Teearoma, die Gartenansicht oder *ikebana* gerichtet sein.

Whisky

Preisgekrönte Spirituose

Whisky wird zwar erst seit relativ kurzer Zeit in Japan hergestellt, und doch sind die Brennereien innerhalb der Branche bereits berühmt. Japanische Whiskys zählen zur Weltspitze und haben etliche Preise und allgemeine Anerkennung gewonnen. Nicht schlecht für ein Land, das nur eine Handvoll Destillerien besitzt.

Schottische Ursprünge

Nach 200 Jahren der Abschottung erreichten 1854 bewaffnete amerikanische Schiffe Japan und sorgten für die Öffnung des Landes. Zu den Geschenken, die sie mitbrachten, zählten auch Fässer mit Whisky. Das Brenngeheimnis des braunen Alkohols fand aber erst 1920 in Japan Einzug, als Masataka Taketsuru nach dem Chemiestudium in Schottland nach Hause zurückkehrte. Nachdem er 1923 beim Aufbau der Destillerie Yamazaki geholfen hatte, gründete er die Brennerei Yoichi. Beide Unternehmen (heute Suntory respektive Nikka) sind führend in der japanischen Whiskyindustrie.

> *Suntory und Nikka destillieren eine überwältigende Palette an hauseigenen Whiskys.*

Mit Lokalkolorit

Auch wenn sich Japans Destillerien streng an schottische Methoden halten, haben die Jahreszeiten des Landes einen besonderen Einfluss auf den Reifungsprozess. Die kalten Winter verzögern das Reifen des Alkohols, und die feuchten Sommer beschleunigen es. Für die Lagerung der Spirituose werden verschiedene Fässer verwendet. Typisches japanisches Holz wie *mizunara* (japanische Eiche) lässt einen einzigartigen Whisky heranreifen – dezent und doch stark. Anders als ihre schottischen Kollegen destillieren Suntory und Nikka eine riesige Palette an eigenen Whiskys. So behalten sie eine umfassende Kontrolle über ihre

‹ Die Destillerie Yoichi wurde 1934 gegründet.

< **Von links nach rechts:** *Die Blender bei Suntory probieren bis zu 250 Whiskys am Tag. Der Cocktail Whisky Highball ist ein erfrischender Mix aus Whisky und Sodawasser.*

Produkte und können auch mit den verschiedenen Herstellungstechniken experimentieren.

Japans beliebtester Whisky-Drink

Japanischen Whisky kann man pur oder auf Eis trinken. Die Japaner lieben ihn aber als Highball. Dieser Cocktail aus drei Teilen Sodawasser und einem Teil des Destillats verhalf dem Whisky nach dem Zweiten Weltkrieg zum nationalen Aufstieg. Das Soda reduziert den hohen Alkoholgehalt des Whiskys und macht daraus einen erfrischenden Drink. Nachdem in den frühen 1980ern klare Schnäpse wie *shochu* (Süßkartoffel-, Gersten- oder Reisschnaps) dem Whisky fast den Rang abliefen, war es erneut der Highball, der ihm Anfang des Jahrtausends zum Revival verhalf. Highballs überlagern den Geschmack des Essens nicht und sind ideale Begleiter, besonders für Soulfood wie *takoyaki* (Teigkugeln mit Oktopus), *okonomiyaki* (Eierkuchen) oder *yakiniku* (Grillfleisch).

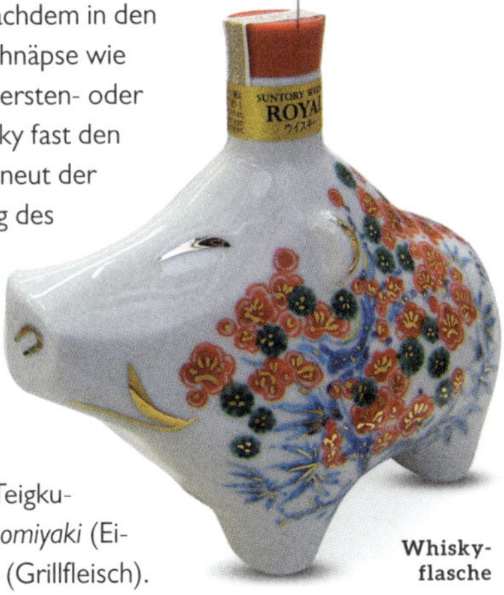

Gedenkflaschen erinnern an Events wie das Jahr des Schweins.

Whiskyflasche

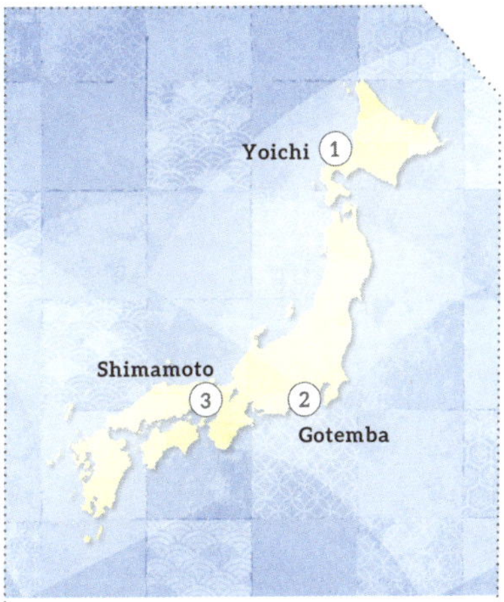

Machen Sie die Runde

Probieren Sie die besten Destillate dieser Top-Brennereien.

(1) **Destillerie Yoichi** *(Yoichi, Präfektur Hokkaido)* Die vielleicht schönste Whiskybrennerei in Japan und die einzige der Welt, die kohlebefeuerte Brennblasen besitzt.

(2) **Destillerie Kirin Fuji Gotemba** *(Gotemba, Präfektur Shizuoka)* Kirins Brennerei liegt am Fuß des Bergs Fuji, von dem auch das Wasser für den Whisky stammt.

(3) **Destillerie Yamazaki** *(Shimamoto-cho, Präfektur Osaka)* Die Brennerei wurde bereits 1923 gegründet und ist die älteste Whiskydestillerie in Japan.

Sake

Der allerliebste Alkohol der Japaner

Was im deutschen Sprachraum Sake heißt und die Japaner *nihonshu* nennen, tranken sie schon vor schätzungsweise 2000 Jahren. Von seinen frühesten Anfängen, als der fermentierte Reis in den Tempeln und Schreinen (Sake spielt bei vielen Ritualen eine Rolle) gebraut wurde, über die ersten Sake-Brauereien in der Muromachi-Periode (1333–1573) bis heute ist Sake zu Japans Nationalgetränk gereift.

Frühformen von fermentiertem Reis wurden in Japan schon vor fast 2000 Jahren getrunken.

Traditioneller Brennprozess

Japans 1200 Sake-Brauereien, die zusammen etwa 168 Millionen Liter Sake im Jahr produzieren, folgen auch heute noch einem Herstellungsprozess, der seit Generationen fast unverändert geblieben ist. Zuerst wird der Reis poliert, gewaschen und gedämpft, dann mit Hefe und *koji* (mit Schimmelpilz versetzter Reis) gemischt. Nach einer Reifung von einigen Tagen kommt Wasser hinzu. Der eigentliche Gärungsprozess dauert drei bis vier Wochen. Es folgen Pressung, Filterung, Pasteurisierung und Ausreifung. Dann kann der Sake in Flaschen abgefüllt werden. *Kampai* (Prost)!

^ **Oben:** *Bester Reis ist das A und O für guten Sake.*
Rechts: *Sake reift in Fässern aus Zypressenholz.*

^ *Sake wird häufig in feinen Keramiktassen serviert.*

Alles eine Frage der Klasse

Bei Sake dreht sich alles um die Güteklasse. Am oberen Ende der Qualitätsskala steht der *daiginjo*. Bei ihm wurde das Reisvolumen auf mindestens 50 Prozent runterpoliert. Der äußere Teil des Reises enthält Fett, Proteine und andere Inhaltsstoffe, die ein ungewolltes Aroma produzieren oder die Gärung stören können. Im Innersten des Korns befindet sich die Stärke, die im Brauprozess zu Top-Sake fermentiert. Je feiner der Reis gemahlen wird, desto veredelter, aromatischer und leichter ist er für den Gaumen. Noch feiner ist der *junmai daiginjo*. Er besteht ohne jegliche Alkoholzugabe nur aus Reis, Wasser und Hefe. Dem Standard-Sake werden große Mengen Branntwein beigemischt.

Die Qual der Wahl

Kenner bewerten Sake nach ganz bestimmten Kennzeichen: Wer hat ihn wo hergestellt, welcher Reis wurde verwendet und wie fein wurde dieser gemahlen? Und bei welcher Temperatur kam welche Art von *koji* oder Hefe zum Einsatz? Der Durchschnittstrinker wendet da einfachere Kriterien an. Bevorzugen Sie einen trockenen *(karakuchi)* Standard-Sake oder mögen Sie es lieber süß *(amakuchi)*? Und bei welcher Temperatur? Für gewöhnlichen Reiswein ist Raumtemperatur die Regel. Es geht aber auch gekühlt *(reishu)*. An kalten Abenden ist ein leicht erwärmter Sake *(atsukan)* angenehm. Letztlich hängt es von Ihren Vorlieben ab und weniger von irgendwelchen festgeschriebenen Regeln.

Sake wird meist mit dem Essen genossen. Egal, für welchen Sake Sie sich entscheiden, in vielen Restaurants und *izakayas* (Kneipe) wird *ichigo* (180 ml) bestellt – das ist die Menge, die in einer kleinen Karaffe mit einem kleinen Glas oder einer Keramiktasse *(choko)* an den Tisch kommt. Manchmal aber auch in einem *masu*, einem quadratischen Holzbecher mit einem Glas in der Mitte, das bis zum Überlaufen mit Sake gefüllt wird. Sake passt wunderbar zur japanischen Küche, aber auch – von Käse bis zu Steak – zu westlichem Essen.

GESUNDES JAPAN

Japaner gehören zu den Menschen auf der Welt, die am ältesten werden. Das mag zum einen natürlich an ihrer traditionell gesunden Ernährung liegen. Wer tiefer schaut, findet aber eine Form der Achtsamkeit, die ebenso mitverantwortlich für Japans außerordentliche Kultur von Wohlbefinden und Langlebigkeit sein könnte. Die Wichtigkeit der Gruppenzugehörigkeit und die Würdigung jedes einzelnen Kontakts helfen, dem Gefühl der Isolation zu begegnen, das die Menschen belasten kann und sie hindert, der Plackerei des Alltags entgegenzutreten. Indes fragt uns das Konzept von *ikigai* (Freude und Lebensziel) nach dem Grund, morgens aufzustehen, und motiviert Japans ältere Generationen, aktiv zu bleiben. Anders als im Westen stammen viele der traditionellen Denkweisen in der japanischen Gesellschaft von alten und spirituellen Prinzipien. Shinto zum Beispiel fördert die Liebe zur Umgebung mit der Würdigung von Natur und Gottheiten, die in allen Aspekten um uns herum zu finden sind. Zu diesen Prinzipien gehören auch *shinrin-yoku* (Waldbaden), das den Stress des städtischen Lebens abzubauen hilft, und das Abtauchen in Japans *onsen* (heiße Quellen).

Gesunde Lebensweise

Bei Ihrem Besuch wird es Ihnen nicht schwerfallen, einige von Japans gesunden Lebensweisen anzunehmen. Vor allem hinsichtlich der Ernährungsweise mit viel Fisch, Reis und fermentierten Nahrungsmitteln. Für etwas Bewegung können Sie alten Pilgerwegen folgen, durch einen Nationalpark wandern oder sich Wochenend-Joggern anschließen, die ihre Runden um Tokyos Kaiserpalast drehen. Dank der starken, im Shinto verankerten Naturverbundenheit ist es für Japaner seit jeher bedeutend, Zeit im Freien zu verbringen. Eine herrliche Art abzuschalten, ist das Eintauchen in eine der heißen Quellen. Spülen Sie die Sorgen ab und geben Sie Ihrer Haut einen gesunden Glanz.

Man liebt es oder man hasst es

Natto, fermentierte Sojabohnen mit einer schleimigen Textur, sind sicher gesund, aber selbst viele Japaner mögen es nicht.

^ Shikoku-Pilgerreise
Es kann 60 Tage dauern, diesen 1400 Kilometer langen Rundweg zu laufen, der 88 Buddhisten-Tempel (siehe S. 215) *verbindet. Auf der Reise kommen Sie an schroffen Küsten, steilen Bergen und wunderschönen Dorflandschaften vorbei.*

Übung mit Aussicht
Spektakuläre Aussicht auf reizvolle Strände und über das Meer sind nur zwei Highlights vom 70 Kilometer langen Shimanami Kaido, einer Fahrradroute, die über den Inlandsee Seto im südlichen Japan führt.

> Gesundes Essen
Die Präfektur Okinawa hat einen der weltweit höchsten Prozentsätze an Hundertjährigen (siehe S. 213). *Sie sind auch besonders gesund. Ihre Liebe zu fettreichen Schweinefleischgerichten gleichen sie mit pflanzlicher Kost aus. Typische Gerichte serviert das Yunangi. Man kann sie auch in Kochkursen im Restaurant Taste of Okinawa in Naha kennenlernen.*

»Die Hölle Japans«
Beppu ist ein Erholungsgebiet mit mehr heißen Quellen als irgendwo sonst in Japan (siehe S. 208f). *Die »Höllen«* (jigoku) *sind acht Quellen mit einzigartigen Merkmalen: Sie haben unterschiedliche Farben, und in einer leben Krokodile.*

Langlebigkeit

Die Lebenserwartung für Frauen liegt bei 87 und für Männer bei 81 Jahren. Japan hat mehr als 65000 Hundertjährige.

HAKODATE

⌄ Göttliche Kirschblüten

Ichi-go ichi-e *ist ein japanisches Konzept, das uns mahnt, jeden Moment zu würdigen und jede Begegnung zu schätzen* (siehe S. 219). *Genießen Sie die flüchtige Schönheit des Frühlings zusammen mit ihren Freunden – etwa im Goryokaku-Park in der Stadt Hakodate oder auf einem Kirschblütenfest.*

NIIGATA

TOKYO

› Zurück zur Natur

Shinrin-yoku *oder Waldbaden* (siehe S. 219) *bietet gestressten Städtern die Möglichkeit abzuschalten und sich auf die Heilkraft der Natur einzulassen, indem sie ihre Sinne weit für den Geruch und die Geräusche der schönen Umgebung öffnen. Tokyo bietet diese Art der Erholung am nahen Berg Takao.*

› Kalt und heiß

Schnappen Sie sich Ihre Skier und besuchen Sie einen der vielen Wintersportorte in der Präfektur Niigata. Und danach ein Sprung ins Thermalbad – vom milchig weißen Wasser von Tsubame bis zum grasgrünen in Tsukioka.

Tattoos

Tattoos werden mit der japanischen Mafia verbunden, deshalb ist in vielen *onsen* der Zutritt für Menschen mit Tattoos verboten. Informieren Sie sich vorab über die Bestimmungen.

Heiße Quellen

Eine grundlegende japanische Erfahrung

Mit über 100 aktiven Vulkanen und mehr als 27 000 Thermalquellen hat sich in Japan eine einzigartige Badekultur entwickelt, bei der sich alles um die geliebten heißen Quellen, die *onsen*, dreht. Der Hype um diese natürlichen Pools hat die *onsen* zu kulturellen und gesellschaftlichen Highlights werden lassen. Hier tauchen die Japaner ein, um Schmerzen zu lindern, der Hektik des Alltags zu entfliehen und den Kontakt zu Freunden und Familie zu pflegen. Die Liebe ist so groß, dass sie ganze Anlagen um die Quellen gebaut haben. Dort wandeln die Gäste in ihren *yukatas* (Baumwoll-Kimonos) herum und nehmen zwischen den Badegängen regionale Küche ein. Es gibt sogar *onsen* nur für Haustiere. Selbst Wildtiere machen mit. Im Nationalpark Jigokudani Yaen-koen (Präfektur Nagano) kann man Makaken beim Baden zusehen.

Rotenburo

Viele *rotenburo* (heiße Quelle) bestechen durch spektakuläre Aussichten, die es nirgends sonst gibt. Ein ganz besonders schönes Erlebnis ist es im Winter.

Badetypen

Jedes Resort bietet mehrere Bademöglichkeiten an. Ein *sento* ist ein öffentliches Badehaus mit erhitztem Wasser aus der Leitung. Die authentischen *onsen* dagegen verwenden Quellwasser. Das Thermalbad unter freiem Himmel – *rotenburo* – ist bei Japanern sehr beliebt. Hier ist man mitten in der Natur, manchmal mit unvergleichlichem Blick auf die Landschaft oder einen friedlichen Garten.

< Im Norden Japans leben die Makaken im kältesten Klima für wilde Primaten.

Natürliches Heilmittel

Ein *Onsen*-Bad stimuliert die Blutzirkulation und den Stoffwechsel. Die meisten enthaltenen Mineralien sollen sich günstig auf Arthritis, Diabetes, Nervenschmerzen und andere Krankheiten auswirken. Es gibt sogar ein Wort – *toji* (Balneotherapie) – für die Behandlung von Gesundheitsproblemen durch Baden in Heilquellen.

Ein wesentlicher Pluspunkt der *onsen* liegt im Natriumchlorid des Wassers. Es fördert die Transpiration und befreit den Körper von Schadstoffen. Das führt zu einer von Damen sehr geschätzten seidenweichen Haut. Aber auch bei Hautkrankheiten wie Ekzemen, Abschürfungen, Verbrennungen und Dermatitis werden Bäder empfohlen.

Für Japaner besteht ein *Onsen*-Besuch aus mehreren Gängen in die heiße Quelle und den anschließenden Reinigungen an Wasserhähnen.

> *Japan besitzt eine einzigartige Badekultur, bei der sich alles um die heißen Quellen* (onsen) *dreht.*

^ *Es gibt nichts Entspannenderes, als im Winter in einem warmen* rotenburo *zu sitzen.*

Blick auf den Fuji

Am See Kawaguchiko (Präfektur Yamanashi) sitzt man im *onsen* mit Blick auf den Berg Fuji.

Ryokan

Traditionsgasthöfe *(ryokan)* haben meist ihre eigenen *onsen* oder *sento* für ihre Gäste.

Getrennte Bäder

Die Bäder sind in der Regel nach Geschlecht getrennt. Blaue Vorhänge kennzeichnen die für Männer, rosafarbene die für Frauen.

Einweichen in *onsen*

Heilkräfte und herrliche Aussichten

Mehr als 3000 Erholungsgebiete übersäen Japans Gebirgsketten, Flusstäler und Küstenstreifen. Das Abtauchen in ein *rotenburo* ist ein einzigartiges Kulturerlebnis. Und es bietet einige der spektakulärsten Aussichten Japans. Lassen Sie sich diese tief verwurzelte Tradition nicht entgehen. *Onsen* sind die perfekten Regenerationsorte und eine gute Möglichkeit, mit Japanern in Kontakt zu kommen. Hierhin strömen sie für einen Wochenendausflug oder für Balneotherapien.

Egal, ob *sento* oder *onsen* – die Verhaltensregeln sind die gleichen. Mit einigen Ausnahmen wird nackt gebadet, und die Gäste müssen sich an einem der Waschplätze von Kopf bis Fuß einseifen und abspülen, bevor sie das Bad betreten. Die kleinen Handtücher, die es gratis oder zu kaufen gibt, sollten nicht mit dem Badewasser in Berührung kommen (es ist eine gute Idee, sie gefaltet auf dem Kopf zu balancieren).

Einzigartige Erlebnisse außerhalb der typischen *onsen* bieten weitere Wellnessanwendungen wie zum Beispiel im Yunessun Spa Resort in Hakone (Präfektur Kanagawa). Dort können Sie in Wein oder Sake baden – beides soll sich positiv auf die Gesundheit auswirken. Am Strand Ibusuki (Präfektur Kagoshima) werden die Gäste in ihren *yukatas* (Baumwoll-Kimonos) bis zum Hals in heißem, schwarzem Sand vergraben. Das soll die Fruchtbarkeit steigern und beim Abnehmen helfen.

‹ Von links oben im Uhrzeigersinn: *Am Strand Ibusuki (Präfektur Kagoshima). Nyuto Onsen (Präfektur Akita). Beppu (Präfektur Oita). Handtuchregel. Jigokudani (»Höllental«, Präfektur Hokkaido). Das ryokan Hoshi Chojukan (Präfektur Gunma). Kawaguchiko (Präfektur Yamanashi). Hakone (Präfektur Kanagawa).*

^ *Für viele Pendler gehört Bewegung zur täglichen Routine.*

Gutes Essen, Bewegung und ein langes Leben

Wie man 100 Jahre alt wird

Japaner sind schon von ihren kulturellen Wurzeln her ein gesundes Volk. Das liegt an ihrer traditionellen Ernährung aus Fisch und Reis sowie an der Sitte, Bewegung in die Morgenroutine einzubauen. Und mit aktuell mehr als zwei Millionen über 90-Jährigen macht Japan definitiv etwas richtig, wenn es um das Wohlbefinden geht.

v *Edamame und andere Sojaprodukte sollen die Risiken aller Arten von Krankheiten reduzieren – von Diabetes bis zu Depression.*

Ernähren Sie sich traditionell

Japans fortschrittliches Gesundheitssystem ist sicher ein Faktor, der zum Ruf der Nation von gesunder Lebensweise und Langlebigkeit beiträgt. Eine andere wichtige Säule ist die klassische Ernährung. Typische Mahlzeiten sind fettarm und ausgewogen: eine Schüssel Reis, Miso-Suppe, ein Stück Fleisch oder Fisch, Gemüse und Grüntee. Diese und andere traditionelle Speisen helfen, Herzkrankheiten, Übergewicht und vielen anderen Beschwerden vorzubeugen. Die Japaner essen sehr viel Fisch und Sojabohnen, wie frische Edamame, Tofu und natürlich *natto* mit seinen probiotischen Qualitäten – wenn man über die schleimige Konsistenz wegsehen kann. Gemüse – frisch oder eingelegt – ist ein absolutes Muss, genau wie Algen mit ihren essenziellen Nährstoffen und Antioxidantien. Zum Nachtisch gibt es meist Obst. Die Desserts enthalten oft *anko* (süße Adzukibohnenpaste).

Auch die japanische Art zu speisen – viele kleine Gerichte statt ein einzelner voller Teller – fördert achtsames Essen.

Bewegung wird mit Radiogymnastik zur täglichen Morgenroutine.

Aktiv bleiben

Seit der Einführung von *rajio taiso* (Radiogymnastik) in der 1920er Jahren gehören Leibesübungen auch für ältere Japaner zur täglichen Routine. Das Programm vom nationalen Sender NHK bietet seinen Hörern auch heute noch ein 15-minütiges Frühsporttraining, um fit in den Tag zu starten.

Heutzutage haben gestresste Geister um 6:30 Uhr natürlich anderes zu tun als Frühsport, und *rajio taiso* ist längst nicht mehr so populär. Ein Drittel der Bevölkerung ist jedoch täglich zu Fuß oder mit dem Rad unterwegs – auf dem Weg zur Arbeit oder für alltägliche Erledigungen. Bewegung gehört zu Japans Tagesablauf einfach dazu.

Okinawas Hundertjährige

Japans ältere Generation ist allgemein bekannt für ihre Gesundheit und Langlebigkeit. Ganz besonders berühmt ist dafür die Präfektur Okinawa. Das warme Klima dieser tropischen Inselgruppe spielt dabei definitiv eine Rolle, genauso wie die traditionelle Ernährung auf Pflanzenbasis. Aber auch ihre Lebensart und Wellness-Kultur machten die Einwohner Okinawas zu weltweiten Ausnahmen. Viele der hier 90-Jährigen und noch Ältere gehen fischen oder bestellen Felder – so, wie sie es seit jeher getan haben. Dieser Gedanke von *ikigai* (Freude und Lebensziel) und das Mitwirken in der Gemeinschaft sind für Okinawas Hundertjährige eine wirkliche Inspiration. Versuchen Sie, einige dieser alten Lebensweisen für Ihr eigenes Wohlbefinden anzunehmen. Und folgen Sie zum Beispiel der Regel *»hara hachi bu«*. Das Gebot empfiehlt, mit dem Essen aufzuhören, sobald der Magen zu 80 Prozent gefüllt ist.

Tokyo erlaufen

Wenn Sie sich in Japan sportlich betätigen möchten, packen Sie Ihre Laufschuhe ein und machen Sie sich auf den Weg zum Kaiserpalast in Tokyo. Die fünf Kilometer lange Strecke um den Palast ist eine der beliebtesten Joggingrouten der Stadt und Austragungsort für zahlreiche Lauf-Events. In Tokyo findet jeden Frühling ein Marathon statt. Jedes Jahr bewerben sich rund 500 000 Laufwillige für die insgesamt nur 35 000 Startplätze.

Okinawa ist eine der weltweit fünf »Blauen Zonen«, Regionen, in denen die Menschen besonders lang und gesund leben.

^ **Von links nach rechts:** *Gokurakuji in Kamakura (Präfektur Kanagawa) ist ein Halt auf dem Shikoku-Pilgerweg. Die traditionelle Pilgerkleidung ist weiß.*

Pilgerreisen und Wanderpfade

Japan aus einer anderen Perspektive

Kobo Daishi

Wer in alten Zeiten das gebirgige Japan bereisen wollte, musste meist zu Fuß gehen. Während der Edo-Periode *(siehe S. 29)* waren die Feudalherren gezwungen, sich alle zwei Jahre zu den Shogunen nach Edo (das heutige Tokyo) zu begeben. Lange Prozessionen aus einem Gefolge von Samurai und Bediensteten machten sich auf die beschwerliche Reise über die offiziellen Landstraßen wie Nakasendo und Tokaido. Bürgern war das Reisen verboten. Ausnahmen gab es nur für religiöse Wallfahrten zu heiligen Orten. Ein Grund, warum die Pfade so beliebt wurden. Heute können Sie auf diesen Wegen wandern, Japans Vergangenheit ergründen und die abwechslungsreiche Landschaft entdecken.

Reise ins spirituelle Japan

Heute ist das Pilgern an sich genauso wichtig wie das Erreichen des Zielorts. Auf dem Kumano-Kodo-Weg in der Region Kansai können Sie auf 1200 Jahre alten Wegen durch die dichten Wälder der Kii-Berge wandern – auf den Spuren religiöser Pilger und Mitgliedern der Kaiserfamilie, für die Kumano das »Reine Land Buddhas« war. Die verschiedenen Routen dieses UNESCO-Welterbes bieten viele Möglichkeiten: Man kann die Schreine von Kumano oder Ise Jingu *(siehe S. 62)* besuchen, eine Nacht im Buddhisten-Tempel auf dem Berg Koya verbringen, ein *Onsen*-Bad nehmen oder Japans Naturwunder wie den größten Wasserfall des Landes entdecken.

‹ Der Daisetsuzan in Hokkaido ist Japans größter Nationalpark.

Der Shikoku-Pilgerpfad führt zu 88 Tempeln und ehrt den Buddhisten-Mönch Kobo Daishi, der im 9. Jahrhundert auf dem Berg Koya die Sekte Shingon gründete. Die Wallfahrt verbindet auf 1400 Kilometern die heiligen Stätten, für die man bis zu 60 Tage brauchen kann. *O-henro-san* (Pilger dieser Strecke) tragen traditionell weiße, kegelförmige Hüte. Sie sind mit Gehstöcken und einem Glöckchen ausgestattet, das ihnen hilft, im Hier und Jetzt zu bleiben. Heute beenden viele die Pilgerreise *(henro)* in einem Bus. Für ein echtes Pilgererlebnis sollte man sich aber zu Fuß auf den Weg machen.

Der Weg ist das Ziel

Es gibt keinen besseren Weg, das Land jenseits der Großstädte zu erkunden, als die Wanderschuhe für einen langen Spaziergang zu schnüren. Es gibt quer durchs Land viele Pfade, auf denen Sie die herrliche Landschaft und atemberaubende Ausblicke genießen können. Ein bisschen von allem bietet Hokkaidos spektakulärer Nationalpark Daisetsuzan – voll von Vulkangipfeln, Wäldern und Schluchten mit Wasserfällen. Hier verläuft auch der herausfordernde, 55 Kilometer lange Grand Traverse. Der 700 Kilometer lange Küstenpfad Michinoku ist Japans jüngster Wanderweg. Er umschließt Tohokus Küstengebiet mit seinen schroffen Felswänden, Stränden und Fischerdörfern. Kamikochi in den Japanischen Alpen auf der Insel Honshu ist ein beliebtes Ziel für Tagestrips und längere Wandertouren. Die Strecke der alten Nakasendo-Fernstraße zwischen Tsumago und Magome scheint in die Vergangenheit zu führen – vorbei an alten Poststationen, an denen einst Feudalherren und Samurai haltmachten.

⌄ Kamikochis wilde Landschaft zieht Wanderer aus ganz Japan an.

Der Yoshida-Pfad

Der Aufstieg zum Gipfel des Fuji

Seit dem 7. Jahrhundert ist der Berg Fuji *(siehe S. 52f)* eine Pilgerstätte. Noch heute zieht er Wanderer an – allerdings meist eher aus Freizeitzwecken denn aus spirituellen Beweggründen. In der Klettersaison zwischen Juli und September machen sich rund 250 000 Menschen aus der ganzen Welt auf den mühsamen Weg zur Spitze. Die Motivation, Japans höchsten Berg zu besteigen, wird mit einer ehrfurchtgebietenden Aussicht belohnt. Von den zahlreichen Routen verschiedener Längen und Schwierigkeitsgrade ist der rund acht Stunden lange Yoshida-Weg der beliebteste. Er ist einfach zu erreichen und hat viele Einrichtungen entlang der Strecke. Für ein unvergessliches Erlebnis machen Sie den Aufstieg bei Nacht. Sie können auch nachmittags starten, in einer Berghütte einkehren und in aller Frühe wieder aufbrechen. Hauptsache, man ist rechtzeitig zum Sonnenaufgang auf dem Berggipfel.

Goraiko

Wenn man in Japan von der Spitze des Fuji den Sonnenaufgang betrachtet, ist das *goraiko*.

Japanische Philosophien, die es zu leben gilt

Das Finden innerer Zufriedenheit

Viele Japaner würden sich selbst nur zögerlich als religiös bezeichnen. Und doch ist das Erbe alter spiritueller Ansichten in vielen Aspekten der modernen Gesellschaft spürbar sowie in der Art, wie Japaner die Welt sehen. Der Glaube von beseelten Objekten ist das Herzstück der Shinto-Lehre *(siehe S. 60–63)* und manifestiert sich in all ihren Ritualen. Der Buddhismus *(siehe S. 64–67)* brachte Konzepte wie die Vergänglichkeit des Lebens, Achtsamkeit und den positiven Zustand *mu*: eine Leere, gefüllt mit Bedeutung und Möglichkeiten.

Der Konfuzianismus erreichte Japan etwa im 6. Jahrhundert und richtete sich nach den Lehren des chinesischen Philosophen Konfuzius. Während diese Anschauung nach dem Zweiten Weltkrieg langsam verschwand, sind einige der Grundkonzepte noch heute wichtige Elemente japanischer Kultur: Loyalität, Pflichtbewusstsein und Rücksichtnahme auf andere – im Streben nach Harmonie. Diese Gruppendynamik ist immanent für Japans Konzept von *wa*, bei dem die Solidarität der Gemeinschaft vor den Interessen Einzelner steht.

Diese Lebensphilosophie ist Teil des japanischen Alltags – vom Teamgeist in der Schule über die Achtsamkeit im *ikebana* *(siehe S. 74f)* bis zur Teezeremonie *(siehe S. 198f)*. Und der Grund, warum Japaner Befriedigung im Job finden oder beim Anblick von Kirschblüten von Ehrfurcht ergriffen sind. Erfolg ist nichts Persönliches, sondern für die ganze Mannschaft, und die bittersüße Flüchtigkeit von Blüten ein perfekter Moment.

< Achtsamkeit und Wertschätzung der Natur sind zentrale Bestandteile japanischer Philosophie.

‹ *Die Zeit mit Freunden sollte als ein nicht wiederholbarer Moment gewürdigt werden.*

Entstressen

Für den ersten Schritt zu innerem Frieden versuchen Sie *shinrin-yoku* (Waldbaden) – schalten Sie Ihre Sinne auf Grün.

^ *Dem städtischen Stress mit Waldbaden zu entkommen, ist ein großartiger Weg, wieder aufzutanken.*

Schätzen Sie den Augenblick

Vielleicht führte das Bewusstsein für die Flüchtigkeit des Lebens zu dem Sprichwort *ichi-go ichi-e*, »eine Zeit, eine Bedeutung«. Dieses Prinzip mahnt uns, jede Begegnung mit Fremden oder Freunden als einen im Leben einmaligen Moment zu schätzen. Denken Sie an diese Vergänglichkeit, wenn Sie Freunde und Familie treffen. Und daran, dass eine Begegnung mit Menschen, die Sie nie wieder sehen werden, ein spezieller Moment ist, das Schicksal hat dafür gesorgt, dass sich ihre Wege kreuzen. Eine Teezeremonie ist ideal, um *ichi-go ichi-e* zu erleben – jede einzelne Empfindung ist einmalig und kommt so nicht wieder.

Die Erkenntnis von Zufriedenheit

Zum Job fahren, arbeiten, Hausarbeit – die tägliche Routine der modernen Gesellschaft hat einen schnell im Griff. Und deshalb ist das japanische Konzept *ikigai* heute wichtiger denn je. *Ikigai* ist der Grund, warum Sie morgens aufstehen. Es beinhaltet, dass Sie das machen, was Sie lieben und worin Sie gut sind – bei der Arbeit oder in der Freizeit. Ihr *ikigai* wird Ihnen Inspiration, Selbstvertrauen und Sinn schenken. Nehmen Sie sich die Zeit und finden Sie es heraus. Es mag Ihnen sogar zu längerem Leben verhelfen – so wie Japans Hundertjährigen *(siehe S. 213)*. Ihr *ikigai* hilft ihnen weiterzumachen und lässt sie glücklich und aktiv bleiben.

REGISTER

DANKSAGUNG, BILDNACHWEIS, IMPRESSUM

Dorling Kindersley dankt Personen, Firmen und Agenturen für ihre freundliche Hilfe und die Erlaubnis, ihre Fotos zu reproduzieren.

Legende: o = oben; u = unten; m = Mitte; l = links; r = rechts

123RF.com: coward_lion 44ur; primagefactory 211ul.
4Corners: Susanne Kremer 6–7.
Alamy Stock Photo: Aclosund Historic 133mlo; Aflo Co. Ltd. 177ol, /Kazunori Araki 49ol, /Nippon News 142mru, 154ul, 173ur, /Naho Yoshizawa 102mru; Andia 47ul; ArcadeImages 109or; Arcaid Images/Richard Bryant 119ol; Arif Iqball Photography – Japan 143ul; ART Collection 83mr; Art Directors & TRIP/Helene Rogers 109mr; Artokoloro 82–83o, /Quint Lox Limited 110ml, 133om; Patrick Batchelder 108–109; Bazza 102mlu, 159or; BFA/FUNimation Entertainment 169ur; Jeffrey Blackler 119ur; Phillip Bond 104–105o; Paul Brown 202ur; carlos cardetas 138om; Berengere Cavalier 40ml; Felix Choo 173mr; Chronicle 70–71mo; Stephen Chung 125m; Classic Image 29mu; Collection Christophel/Toho company/ Jewell entreprises Inc. 168mlo; Courtesy Everett Collection Inc. 136ul, 137ur, 139ul, /Ron Harvey 111mru, /Sony Pictures Television 106or; Maurice Crooks 109um; Danita Delimont/Rob Tilley 77om; Rajiv Dasan 46ul; Joshua Davenport 188–189o; dpa picture alliance archive/Joerg Carstensen 156ol; Samuel Drayton 109mo; Entertainment Pictures 109mru; Malcolm Fairman 69ml, 71um; Florilegius 85mlo; Ilya Genkin 46mr; Robert Gilhooly 155o, 192om; hemis. fr/FRUMM John 210ol; Heritage Image Partnership Ltd./Fine Art Images 84u; Thomas Kyhn Rovsing Hjørnet 125om; Geoff A Howard 66ol; Alex Hunter 103or; INTERFOTO 151mr; Rich Iwasaki 46or; Japan Stock Photography 47ol; Gina Kelly 75ol; Hideo Kurihara 97m; Lebrecht Music & Arts 133ol; Andrew Lloyd 51or; Iain Masterton 104ol; mauritius images GmbH/Jose Fuste Raga 99mro, /Jutta Ulmer 37ul, /pepperprint 24um; Tony Mcnicol 202mlu; Mint Images Limited 89ur; Trevor Mogg 85mr; Gianni Muratore 108ul; Newscom 153mr, /BJ Warnick 97mo, 97mro, 135um, 138m, 213mr; Oleksiy Maksymenko Photography 67ur; christian ouellet 175ur; Pacific Press Service/Ben Simmons 213ur; PAINTING 85mo; Sean Pavone 148or; Persimmon-Pictures.com 210ul; Photo 12 134or; Photo 12/4 Kids Entertainment 137ol; Photo 12/ Itami Productions 171mlo; Photo Japan 105or; Janusz Pieńkowski 133or; Prisma by Dukas Presseagentur GmbH/TPX 96um; Feije Riemersma 130or; RosalreneBetancourt 6 192ol; S. Parente – Best of Travel – RM 8–9; galit seligmann 114ur; Image Source 96mro; John Steele 206or; StockShot/Tony Harrington 41mlo; Sunshine Pics 183o; jeremy sutton-hibbert 101mu, 131ol, 143or, 200or, /Arakawa und Madeline Gins *Reversible Destiny Lofts Mitaka – In Gedenken an Helen Keller* © 2005 *Estate of Madeline Gins.* Reproduziert mit Erlaubnis von Estate of Madeline Gins. Neun Wohnungen (two unit types), mit einer Gesamtwohnfläche von 761,46 m², Mitaka, Tokyo, Japan 101ul; The Picture Art Collection 85mro; Tribaleye Images/World Illustrated/J. Marshall 210mr; Uber Bilder 28mu; V&A Images 85or; Steve Vidler 193or; VOISIN/PHANIE 124–125o; WaterFrame_tro 55mr; Richard Watkins 193ur; WENN Rights Ltd. 107ul; Wietse Michiels Food Stock 192–193o; Chris Willson 103mu; Wire.Dog 138mlo.
AWL Images: Jan Christopher Becke 218ul.
Benesse House: Naoharu Obayashi/Yayoi Kusama *Pumpkin* 122–123.
Bridgeman Images: De Agostini Picture Library/A. Dagli Orti 86mlo; Freer Gallery of Art and Arthur M. Sackler Gallery, USA/Gift of Charles Lang Freer 86mro; Geschichtsbilder 28mlo, 132ul, 176ol; Private Collection/ Christie's Images/Takashi Murakami *Multicolour Flowers, 2012* (acrylic & platinum leaf on canvas) © 2012 Takashi Murakami/ Kaikai Kiki Co., Ltd. All rights reserved 121ol; Private Collection/Peter Newark Pictures 146ul; Universal History Archive/UIG 176mr.
Dorling Kindersley: Quentin Bacon/ Masaharu Morimoto 203mro.
Dreamstime.com: Baoyan 10mlo; Phurinee Chinakathum 46mlo; Cowardlion 61, 63ul, 214ul; Kobby Dagan 149ml; Eagleflying 176ur; F11photo 26mo; Foodio 212ul; Kain Glover 212o; Katinka2014 214ol; Phillip Maguire 64–65mu; Naruto4836 131mlo; Niradj 100–101o; Sean Pavone 45or, 60ml, 63or, 98–99, 117ol, 211ol; Rolf52 78mru; Sonyakamoz 197or; Hiroshi Tanaka 190um; Jens Tobiska 116or; Zts 102um.
Getty Images: AFP/Bertrand Guay 128ul, /Jiji Press 31mr, 157ul, /Mandy Cheng 154ur, /Stephane De Sakutin 149ul, /Tiziana Fabi 133mro, /Toru Yamanaka 115mu, /Toshifumi Kitamura 147or, 162–163o, /Yoshikazu Tsuno 161o, 161ur; Apic/RETIRED 152o; Art Media/Print Collector 148m; B.S.P.I. 62ol, 79ul; Krzysztof Baranowski 158ml; Bettmann 30or; Bloomberg/Yuriko Nakao 138mro; BLOOMimage 74ul; Burstein Collection 134ol; Buyenlarge 59ur; Joey Celis 194ur; Yiming Chen 191om; Mongkol Chuewong 44ul; David Clapp 135ol; Chris Cole 174ul; Matteo Colombo 4–5; COOLMEDIA/Peter Sabok/NurPhoto 149ol; Corbis/VCG Wilson/Fine Art 29ur; cyoi 194ol; DAJ 14–15, 89or; DE AGOSTINI PICTURE LIBRARY 87mru; DEA/A. DAGLI ORTI 29mr, 93mr, /De Agostini 177ml, /BIBLIOTECA AMBROSIANA 30mu, 174or, /DEA PICTURE LIBRARY 86mlo; Eiichi Onodera/Emi Kimata 184ul; Greg Elms 159ol; EyeEm/Hara Taketo 207mr, /Lay Koon Lim 210ml, /Sren Pedersen 80–81, /Supalerk Laipawat 20–21o; GYRO PHOTOGRAPHY/amanaimagesRF 41mro; Ernst Haas 150mr; Taylor Hill 128–129u; Hulton Archive 30ur, 107or, 148ol, /Keystone 153ol; I.Hirama 90ul, 207um; imagenavi 88mlo, 90ol, 194mr, 194ul, 195ul; Ken Ishii 156or; Robbie Jack 147ol; Wolfgang Kaehler 88or; Taro Karibe 214or; Brian Kennedy 26mlo; Keystone-France/Gamma-

Keystone 31um; Onnie A Koski 26mru, 130mro; Nobutoshi Kurisu 219mr; Yuga Kurita 49ul; Kyodo News 200ul; John S. Lander 58mlu, 100om, 145ur; Sean Marc Lee 27mu; David Lefranc 160ul; Puripat Lertpunyaroj 114mro; LightRocket/Leisa Tyler 181ul; MamiGibbs 90or; MediaNews Group/Orange County Register via Getty Images 191ml; Michael H 72ul, 74ol; Mint Images 66–67o, 142or; Mitsushi Okada /orion 50u; MIXA 195ml, 210or; Moviepix/ Movie Poster Image Art 168or; Ippei Naoi 197ol; Paolo Negri 54ul; NurPhoto 64–65mo, /Cris Faga 32–33, /Richard Atrero de Guzman 148ur; Tomohiro Ohsumi 106ul, 162ul; Kiyoshi Ota 173ol; Yanis Ourabah 45mr; Peter Fehrentz/Picture Press 73ol; Photo Atelier Ryunoshin 90mr; photography by Izumi05 194or; Print Collector 28ur; PYMCA 131mru; Nils Reucker 93om; robertharding/Michael Runkel 40or; Matt Roberts 172or; Ryouchin 27or, 74ur; Yuji Sakai 144; Sankei Archive 166or; Max shen 88ol; simonlong 143mru; Morten Falch Sortland 104um; South China Morning Post/ K. Y. Cheng 190or, 190mlo; South China Morning Post/Warton Li 191or; Alexander Spatari 196ul; Matthew Sperzel 124om, 126ol, 129or; TASS/Valery Sharifulin 148ul, /Yuri Smityuk 58or; The Asahi Shimbun 31mru, 71mr, 97um, 125or, 146ur, 156u, 168ol, 174–175u, 180or, 181mro, 186o, 201um; Time Life Pictures/Department Of Defense (DOD)/The LIFE Picture Collection 31mlu; totororo 73ur; Universal History Archive/UIG 30mlu; Glenn Waters 177ul; Yagi Studio 118or; Chip Yates 126ul.

Hakone Open-Air Museum: 120u.

iStockphoto.com: 9Air 69ol; alphabetMN 1, 2–3; aluxum 130ol, 160ur; ansonmiao 197mu; ArtSklad 140mru; azuki25 111o, 214–215o; BernardAllum 91ml; bhofack2 201ol; bonchan 195ol, 197ur; supawat bursuk 102ml; Jui-Chi Chan 76–77o; Bobby Coutu 27mro, 92–93o; Jonathan Austin Daniels 110ul; DaphneOliveros 25or; DavorLovincic 86mro; Dinkoobraz 56ml, 204mu; DronG 184ml; duncan1890 10ul; Elinalee 56mr; enviromantic 90ur; filo 56um; FotoGraphik 25ol; fotoVoyager 24ul; georgeclerk 62–63o; Goddard_Photography 157ol; Graphyrider 52–53; gyro 196ur; Hakase_ 186ul; Helen_ Field 38ml, 38ul, 94mru, 94ul, 112mru, 140mru, 178mru, 204um; ilbusca 94mu, 178ul; ume illus 77um; isaxar 140mlu; Joy-10000Lightpower 92mr; karimitsu 206mu; katyau 140mr; kazoka30 187mr; Kerin-Gordon 68or; kicia_papuga 91ol; kitzcorner 183mru; kokkai 133mo; kokouu 16–17o; kumikomini 185um; LauriPatterson 184mlu; lisegagne 150ml; Lisovskaya 185o; luza studios 109mu; Manmarumaki 68ol; martin-hosmart 180mru; master2 45ol; Materio 196mu; MediaProduction 176ul; merc67 203ol; Tom Merton 91ul; MrNovel 46ol, 47ml; Nachosuch 64ml; Natle 178um; Nikada 22–23o, 41ur; ntrirata 207mro; Ola_Tarakanova 112um, 140m; oluolu3 198–199; Joaquin Ossorio-Castillo 24–25u; PamelaJoe McFarlane 27om; David Aparicio Pasamontes 164–165; paulrommer 38–39mu; petes-photography 54–55o; Photo-man-Richard 74or; Phurinee 68u; piyato 194ml; platongkoh 48o; powerofforever 59mlo; Rawpixel 23or; RichLegg 26or; ririe777 10–11, 12–13, 38–39, 40–41, 56–57, 58–59, 94–95, 96–97, 112–113, 114–115, 140–141, 142–143, 178–179, 180–181, 204–205, 206–207; riya-takahashi 72mr; rockptarmigan 51ol; Satoshi-K 218–219o; SeanPavonePhoto 18–19o, 42–43u, 163or; Shoko Shimabukuro 126–127; SireAnko 112ul; tabuday 38mlo, 112mlo; TatayaKudo 188ul; the.epic.man 26om; Thoth_Adan 56mr; undercrimson 208ul; Val_Iva 204mru; vanbeets 69ul; VanessaVolk 190mru; VII-photo 178ml; JianGang Wang 42–43o; winhorse 27mlo; xavierarnau 42ol; yajimannbo 187ol; Yuji_Karaki 27ol; z10e 182–183o; Shi Zheng 197m; zzorik 178mu.

Japan House: Lee Mawdsley 36–37o.

Koji Fujii/Nacasa and Partners Inc.: 117ur.

Kusatsu Onsen Tourism Association: 46ur.

Nendo: Akihiro Yoshida 118ul.

Rex by Shutterstock: 20th Century Fox/ Kobal 170ul; AP/Jim Cooper 167mru; Daiei/ Kobal 170mlo; Dentsu/Ntv/Studio Ghibli/ Kobal 171or; EPA/Everett Kennedy Brown 103ur, /Franck Robichon 106mu; EPA-EFE/ Ayano Sato 131um; Madhouse/Sony/Kobal 170mu; Moviestore 138ul, 170or, 171ul; Sedic/Rpc/Dentsu/Kobal 167ol; Ray Tang 139o.

Science Photo Library: Peter Menzel 107mlo.

Shutterstock: amnat11 215ur; Andreas H. 78–79o; Ece Chianucci 34–35o; AKKHARAT JARUSILAWONG 106mlo; Nackoper 216–217; Carolyne Parent 181mu; simpletun 210ur; tasch 115mr.

SuperStock: age fotostock/Lucas Vallecillos 26ol, 208–209o; Mint Images 75ml, 75ul; Desiree Ultican 74mr.

Umschlaginnenseiten
Vorder- und Rückseite: **iStockphoto.com:** ririe777.

Titelbilder
Vorder- und Rückseite sowie Buchrücken: **iStockphoto.com:** alphabetMN.
Weitere Informationen unter: www.dkimages.com

MIX
Papier | Fördert gute Waldnutzung
FSC® C018179

Dieser Reiseführer wird regelmäßig aktualisiert. Angaben wie Telefonnummern, Öffnungszeiten, Adressen, Preise und Fahrpläne können sich jedoch ändern. Der Verlag kann für fehlerhafte oder veraltete Angaben nicht haftbar gemacht werden. Für Hinweise, Verbesserungsvorschläge und Korrekturen ist der Verlag dankbar.
Bitte richten Sie Ihr Schreiben an:

Dorling Kindersley Verlag GmbH
Redaktion Reiseführer
Arnulfstraße 124 • 80636 München
reise@dk.com

DK Penguin Random House

www.dk-verlag.de

Hauptautoren Brian Ashcraft, Rob Goss, Rebecca Hallett, Tim Hornyak, Carol King, Michelle Mackintosh, Andrew Osmond, Beth Reiber, Simon Richmond, Giovanni Simone, Steve Wide, Matthew Wilcox, Dr. Jessie Voigts
Consultant Noe Kozuma
Register Hilary Bird
Project Editors Elspeth Beidas, Robin Moul
Project Art Editors Bess Daly, Tania Gomes
Picture Researcher Harriet Whitaker
Cartographic Editor Casper Morris
Design Umschlag Tania Gomes
Senior DTP Designer Jason Little
DTP Designer George Nimmo
Senior Producer Stephanie McConnell
Managing Editor Rachel Fox
Art Director Maxine Pedliham
Publishing Director Georgina Dee

Zuerst erschienen 2019 in Großbritannien bei Dorling Kindersley Ltd., London

Verlagsleitung Monika Schlitzer, DK Verlag
Programmleitung Heike Faßbender, DK Verlag
Redaktionsleitung Stefanie Franz, DK Verlag
Übersetzung Martina Horrobin, Köln
Redaktion Dr. Gabriele Rupp, München
Schlussredaktion Philip Anton, Köln
Umschlaggestaltung Ute Berretz, München
Satz und Produktion DK Verlag, München
Druck TBB a.s., Slowakei

ISBN 978-3-7342-0305-3
4 5 6 7 8 26 25 24 23